Laurent Larbalette

# DIAGONALE DE L'ÉVASION

De Menton à Montmorillon à pied

© 2019 Laurent Larbalette
Crédit photographique : Laurent Larbalette
V 5

Edition : BoD - Books on Demand
12/14 rond-point des Champs Elysées
75008 Paris, France
Impression : BoD – Books on Demand, Norderstedt, Allemagne
ISBN : 978-2-322-15341-1
Dépôt légal : mars 2019

« La chose que je regrette le plus dans les détails de ma vie dont j'ai perdu la mémoire est de n'avoir pas fait des journaux de mes voyages. »
**Jean-Jacques Rousseau**

« Ecrire l'aventure, c'est la retenir.
C'est la faire durer et la poursuivre.
C'est aussi la fixer en s'assurant de la pérennité
des mille révélations du voyage. »
**Alexandra Lapierre**

*A Béa, pour avoir aussi bien supporté tout ça.*

*A Bastien, Maxime et Elsa,
pour qu'ils n'oublient jamais de vivre leurs rêves.*

## *Lundi 31 décembre 2018, avant-propos.*

C'est l'heure des rétrospectives. Des bilans de l'année écoulée. J'y pense et j'y repense à ce chemin parcouru cet été. J'ai encore en tête des kilomètres de sentiers que je refais par la pensée, dans le désordre, avec cet irrésistible besoin de prolonger le voyage. Un rêve à poursuivre avant de me réveiller.

Souvent, j'ouvre l'album photo confectionné à mon retour, et je m'y replonge. On ne revient pas indemne d'une si longue marche. L'esprit s'est profondément transformé, bien plus que le corps qui, lui, s'est seulement adapté. Un peu de gras en moins, quelques muscles en plus, du souffle retrouvé, une meilleure endurance et l'impression d'être bien dans sa peau, c'est là une vision superficielle de l'affaire.

Marcher, c'est autre chose de plus profond, de plus intense.

A priori, aujourd'hui, marcher est une absurdité, une aberration. Nous apprenons depuis notre naissance à aller le plus vite possible, à faire de plus en plus de tâches à la fois, boostés par la technologie et la toute-puissance du numérique.

Alors, marcher, quelle hérésie dans ce monde de vitesse !

Notre société, en perpétuel changement, nous impose de virer de bord de façon incessante pour satisfaire au besoin d'adaptations permanentes. Les repères conventionnels sont mis à mal, les structures traditionnelles s'effondrent. En politique, en économie, et jusqu'au sein de la famille, les valeurs changent au gré du vent. La morale se cherche un nouveau souffle. Et suivre la navigation chaotique de leaders en incapacité de recueillir l'adhésion sans les manipuler de ceux qui devraient les aider à assurer les transformations, relève d'un challenge bien difficile à relever pour nombre de personnes. Le brown-out guette chacun d'entre-nous. J'en ai fait les frais. J'en connais les conséquences : ne plus se sentir utile, ne plus percevoir à quoi sert ce que l'on fait, et cette réalité de ne plus être en phase avec ses propres convictions, ses valeurs vraies.

Se perdre irrémédiablement.

Se perdre… ou réagir.

Une solution m'était apparue. Elle était simple, accessible, pour peu que la porte du possible s'entrouvre un instant : c'était de me remettre en marche, dans tous les sens du terme !

Marcher, c'est redonner du sens à ses jours.
Marcher, c'est une thérapie qui lave votre cerveau, votre âme, de toutes les pensées négatives obsessionnelles sources d'anxiété, causes de dépression et des troubles générés par le stress.
Marcher, c'est se fixer des objectifs simples, élémentaires, qui ne requièrent rien d'autre que la mise en mouvement de ses deux jambes, le goût de l'effort et la persévérance.
Marcher, c'est redevenir libre ! C'est accorder de l'importance à l'essentiel, se libérer des artifices, oublier les masques et les faux-semblants, être soi, le percevoir, et entrer, par là-même, dans le bonheur.
Marcher, c'est se retrouver, enfin.

Ouvrir grand l'horizon et s'évader.

## *Mardi 27 juin 2017, là où tout a commencé.*

Une signature en bas d'une page et dans trois mois, j'aurai cessé mon activité professionnelle. Je passerai d'un statut de cadre en entreprise stressé, asphyxié, au bout de sa vie, à une situation d'homme oisif mais enfin libre.

Libre, pour autant qu'on puisse l'être dans notre société moderne qui organise collectivement nos vies, structure nos journées et cadence notre quotidien réglé comme du papier à musique. Libre, pour autant que je puisse accepter cette soudaine rupture dans mes habitudes, dans mes relations, dans les responsabilités qui étaient les miennes, avant.

Oh, ce n'était pas une fin de carrière rêvée ! Après plus de trente-sept années de service dans la même société, je sortais par une petite porte que l'on m'avait ouverte certainement avec privilège, quelques mois avant ce qu'on appelle « la retraite », celle qui sonne habituellement comme une récompense méritée de fin de vie professionnelle, ou que l'on peut voir aussi comme une mise à l'abri, à l'écart de la bataille qui va continuer sans vous. D'ailleurs peut-on vraiment idéaliser une fin de carrière ? Pourquoi alors aurait-on inventé tous ces stratagèmes faits de stages de futurs retraités où l'on vous explique ce qu'il faut faire de vos jours pour ne pas déprimer, quand votre entreprise ne pourra plus, à votre place, gérer votre vie ? Moi, j'allais sortir par une petite ouverture que d'autres auraient bien aimé emprunter. Je n'étais pas à plaindre, mais je n'avais pas de quoi en tirer la moindre gloire.

Je savais ce qui m'attendait. Eviter le vide, le néant. J'avais encore du temps pour la réflexion, pour trouver un projet qui me permettrait de vivre sans douleur cette brutale transition.

Etonnamment, il ne m'avait fallu qu'un séjour dans les montagnes d'Ardèche, dès les premiers jours de juillet, à parcourir les sentiers pentus et cailloux sous les châtaigniers, m'imprégnant à chaque sortie de la poésie nostalgique de Jean Ferrat, pour retrouver une santé physique et morale qui me faisait défaut, et pour comprendre définitivement que la marche en montagne était le meilleur des remèdes pour le corps, le cœur et l'esprit.

Une semaine de soins intensifs, à expulser par tous les pores de ma peau les toxines mentales qui m'étouffaient peu à peu. J'avais besoin d'évasion.

Il m'avait fallu cette semaine aux bienfaits immédiats et une étincelle, un catalyseur, quelques jours plus tard, sur le chemin retrouvé du travail, dans ma voiture. Ce jour-là, l'invité du 6/9 de France Inter était Sylvain Tesson. Il venait présenter les chroniques hebdomadaires qu'il allait proposer aux auditeurs durant l'été. *Un été avec Homère* ne retint pas mon attention. Par contre, la question d'une auditrice au sujet de son livre « *Sur les chemins noirs* »[1] et bien plus encore, la réponse de l'auteur, m'avaient interpellé. Je buvais les paroles de Sylvain Tesson comme de l'eau de source claire. Si l'homme écrivait aussi bien qu'il parlait, ce devait être jouvence que de le lire. Jamais, je n'avais entendu quelqu'un parler ainsi de l'itinérance.

Je trouvais sans difficulté son ouvrage le soir même et le dévorais en quelques jours. Et comme un élève trouve un maître qui le guide, j'avais trouvé mon projet pour ouvrir la porte de cette nouvelle vie que je voulais plus belle.

Partant du principe purement matériel, que si Sylvain Tesson avait pu traverser la France du Col de Mente à la

---

[1] Gallimard, 2016.

pointe du Cotentin dans l'état physique où il se trouvait à sa sortie de cinq mois d'hôpital, moi, qui n'étais ni cassé, ni réparé de toutes parts, et qui ne souffrais pas d'épilepsie, je devais bien pouvoir me lancer dans une aventure bien plus modeste que la sienne, mais toutefois hors du commun. Moi aussi, je pouvais vivre une belle histoire qui m'aiderait à me construire un autre avenir.

Ma décision était prise en quelques jours. Je partirai de Menton, tout près de la frontière italienne et je rentrerai à pied chez moi, à Montmorillon.

Je ne savais pas encore quelle distance j'aurai à parcourir, ni combien de temps il me faudrait pour le faire, ni quels chemins j'allais emprunter, mais j'étais convaincu de la faisabilité de mon projet. Mon projet comme une cible de laquelle je ne pourrai pas me détacher sans l'avoir atteinte en son centre. Comme Tesson, je me rendrai à mon point de départ en train. Comme lui, j'emprunterai les sentiers plutôt que les routes, et je m'efforcerai de cheminer au cœur de ces contrées caractérisées par leur appartenance à l'hyper-ruralité où les espaces naturels sont préservés et où la densité de la population est dans les plus basses de France. J'éviterai les routes, surtout les plus larges, et les villes autant que possible et je serai en autonomie totale, n'emportant sur mon dos que ce qui me sera nécessaire pour faire le trajet jour après jour.

Cependant, mon goût pour le risque étant moins marqué que Tesson et mon expérience de la longue randonnée étant absolument nulle, je m'étais fixé comme critères incontournables de dormir sous un toit et dans un lit chaque soir, et de prendre une douche après chaque journée de marche. Ces points, qui passeraient pour être de grand confort aux yeux de certains, me semblaient être un minimum pour pouvoir bien récupérer chaque nuit, me sentir bien dans ma peau et surtout éviter les aléas climatiques et les galères qui pouvaient en découler. Les nuits en plein air sous la pluie, non merci ! Je pouvais même avancer mon âge comme argument, à moins que ce ne fut qu'une excuse.

Contrairement à Tesson, je décidais de ne pas me priver de l'aide de la technologie pour autant qu'elle ne se substituait pas aux efforts que j'allais devoir fournir. J'avais appris depuis longtemps à planifier mes randonnées en utilisant les capacités des smartphones pourvus d'un GPS. Je savais que cet outil pouvait remplacer avantageusement bon nombre de cartes topographiques de l'IGN. Un rapide calcul me permettait d'ailleurs de mesurer le prix, le volume et le poids que représentait une cinquantaine de cartes au $1/25000^{\text{ème}}$, sachant qu'il m'en faudrait une nouvelle de cinquante grammes chaque jour en moyenne. J'aurai autre chose à emporter que 2,5 kilogrammes de papier coloré.

C'est sur une tablette numérique que je m'attaquais à cette première phase de mon projet inédit : trouver mon chemin idéal et le faire s'arrêter chaque fin de journée dans un lieu accueillant où je pourrais dormir à coup sûr, et si possible me nourrir.

Entendez par là que j'aurai pris le soin de réserver une chambre où je serai attendu à la bonne date. La sécurité apportée par la réservation du gite avait une contrepartie. Ou plutôt une contrainte : celle de devoir faire à pied le chemin jusqu'à lui à la bonne date, celle de la réservation. Mais n'était-ce pas là l'objet premier de mon entreprise : marcher d'un point à un autre ?

Si je m'accordais, parfois contraint, de suivre des chemins noirs tels que Tesson les décrit, ces traits noirs fins comme des cheveux, parfois même en pointillés, dessinés sur les cartes IGN, je rejetais l'idée du hasard entre deux étapes. Je voulais limiter le risque de devoir rebrousser chemin, bloqué par une rivière, un maquis impénétrable ou une barrière rocheuse infranchissable. Je voulais éviter les détours conséquents, sachant par expérience que bon nombre de ces vieux chemins ruraux, de moins en moins entretenus par les agriculteurs qui n'en ont plus l'utilité, ont cessé d'exister ou ne sont plus praticables. Ainsi, je décidais de me concentrer sur les traits rouges, ou roses selon l'échelle des cartes, qu'on nomme des sentiers de randonnée et qui, en général, font l'objet d'un entretien régulier et d'un balisage plus ou moins matérialisé sur le terrain. Certains portent des numéros ou des noms. Ce sont les GR, les chemins de Grande Randonnée, les GRP ou PR, chemins de pays. Ceux-là vous garantissent, en théorie, un cheminement à la praticabilité assurée. Lorsque ces lignes de couleur sont tracées en pointillés, le sentier est répertorié mais son accessibilité est moins certaine et le balisage parfois inexistant. Je m'en contentais. Avec un GPS, on peut s'égarer, mais on ne peut pas se perdre.

En partant de Menton, les pieds dans la Méditerranée, je dessinais mon chemin, point par point, sur les cartes au $1/25000^{\text{ème}}$, m'appuyant parfois sur les photos provenant de l'imagerie satellite pour vérifier la présence réelle d'un chemin, lorsqu'il n'était pas masqué par les arbres le bordant, ou d'un sentier dessiné, dans la montagne, par le piétinement des randonneurs.

Je décidais, surtout en zones montagneuses où le dénivelé ajoute de la difficulté à la marche, de limiter mes étapes à vingt-cinq kilomètres. Il me fallait donc trouver un hébergement sans trop m'écarter des sentiers balisés, tous les vingt à vingt-cinq kilomètres. Je pouvais pousser jusqu'à trente, voire trente-cinq.

Durant tout l'été 2017, j'allais ainsi dessiner ce chemin mètre après mètre et rechercher sur les plateformes de réservations accessibles par internet, dans les hameaux, les villages, les villes, la disponibilité présumée de chambres d'hôtes, d'hôtels, de campings ou de gîtes d'étape.

Il y avait là un paradoxe. Je voulais à la fois évoluer dans la nature la plus sauvage, la plus préservée, celle qu'on trouve au cœur de cette ruralité profonde qui se caractérise par l'absence notoire d'habitants, et, à la fois, trouver sur mon chemin sans faire trop d'écarts, ceux qui m'accueilleraient, contre rémunération bien évidemment. Fuir la civilisation, mais pas trop ! Voilà le dilemme.

Ma première résolution était de quitter la côte au plus vite. La montagne était mon alliée. A vingt kilomètres de la mer, l'arrière-pays niçois s'éparpille en petits villages typiques nichés dans les vallées ou sur des éperons rocheux. Sautant d'un GR à l'autre, le 52, le 510, le 4, le GRP de la Grande Traversée des Préalpes, le GR 6, je décidais de passer par Sisteron pour suivre la vallée du Jabron jusqu'au Mont Ventoux, au pays de Giono. En retrouvant le GR 4, je traverserai au plus vite la vallée du Rhône qui m'apparaissait être la partie la moins palpitante de mon voyage. Je prendrai ensuite une bonne bouffée d'Ardèche avant de cheminer sur les causses de Lozère et les plateaux du Cantal dans les pas de Tesson et de ceux d'Axel Kahn. A Bort-les-Orgues, il ne me restera plus que la haute Corrèze et la Haute-Vienne à traverser.

J'ai mis trois mois pour finaliser ma diagonale. Je comptais mes étapes. Elles étaient cinquante. J'analysais la longueur et le dénivelé de chacune, modifiais quelques-unes qui me semblaient trop dures, en supprimais une ici, divisais une autre là-bas. Je choisis la date de mon départ : ce sera le 12 juin au matin à Menton. Puis j'ai laissé reposer mon projet tout l'hiver. Mieux qu'un sommeil, une gestation. Le temps de me convaincre de l'impérieuse nécessité de le réaliser. Mais en avais-je douté vraiment ?

D'y trouver une cause, s'il en fallait une. D'y donner une raison d'être et de me préparer mentalement dans un premier temps.

*« Les ruptures, écrivait Nietzsche, sont difficiles, parce qu'il fait souffrir, le lien qui se détache. Mais à sa place, bientôt, il nous vient une aile. »* écrit Frédéric Gros dans *Marcher, une philosophie*[1], dont je ne saurais que trop recommander la lecture à tous ceux qui veulent comprendre pourquoi tant de marcheurs trouvent la plénitude sur les sentiers. Toute rupture est pour partie souffrance, avant qu'elle ne dévoile une ouverture vers un horizon nouveau.

Si rupture subie il y a, il faut bien vite réagir et s'obliger à se créer des ruptures encore plus marquées, plus intenses, mais voulues et totalement maitrisées. En quelque sorte, soigner le mal par le mal. Puisqu'on m'impose un changement dans ma vie, je dois aller chercher au plus profond de moi les ressources pour réaliser quelque chose d'encore plus exigeant que ce qui m'est imposé. Ainsi, je garde la main. Je reste maître de la situation.

Le sport était une solution envisageable. Il ne requiert rien d'autre que son corps et sa tête. Il est accessible pour peu qu'on s'en donne les moyens. Mais le sport est pernicieux. Il crée les conditions d'une dépendance pour le néo-sportif, une nouvelle addiction dont il ne sortira un jour qu'à l'occasion d'une nouvelle rupture. Un cercle vicieux.

Ainsi, j'aurais pu courir. Enfin, plus que je ne le fais déjà. Courir nécessite de se faire violence. Mais courir après quoi ? Le chrono, la distance, la compétition ? Ou seulement courir pour soi, pour être bien dans son corps et dans sa tête, sans autre objectif que garder la forme, mais jusqu'à quand ? Il n'existe pas de coureur qui ne compare

---

[1] Flammarion dans la collection « Champ essais, 2011.

pas son chrono avec celui d'un autre ou qui ne mesure pas sa progression entre deux sorties.

Avoir un objectif réalisable est essentiel.

Il me fallait un projet qui me soit accessible et il m'apparaissait que la course à pied ne pouvait pas être celui-ci.

Marcher alors ? Et voyager, aussi ? Partir quoi !

Qui n'a pas un jour, depuis sa plus tendre enfance, rêvé de partir ? De s'évader de son monde. De quitter tout sur le champ et d'aller à l'aventure, découvrir d'autres lieux, d'autres cieux, d'autres dieux, que ceux qui, imperturbablement quadrillent nos petites vies bien carrées, faites d'éternelles répétitions.

Oui, mais partir cinquante jours ! N'était-ce pas hasardeux pour quelqu'un qui n'avait jamais cumulé plus de cinq jours consécutifs de petites randonnées plus ou moins pentues dans nos belles montagnes de France avec cinq kilos sur les épaules ? Bah ! Cinquante jours ne sont, ni plus, ni moins, que dix fois cinq jours. Lorsque le rythme est pris, tout doit se jouer dans le mental, me disais-je, pour me convaincre... Et puis, encore une fois, si d'autres l'avaient fait, pourquoi pas moi.

Oui, mais partir seul, c'est risqué ! Partir à deux alors, ne serait-ce que pour se porter mutuellement assistance ? Voilà qui rassurerait tous mes proches. Encore fallait-il trouver l'âme sœur qui pouvait être disponible et prête à sacrifier cinquante jours pour une aventure qu'elle n'avait ni décidée, ni construite. J'eus beau chercher - pas trop cependant - je n'ai trouvé personne. Et finalement, s'il ne m'arrivait rien sur les chemins du Poitou, pourquoi voulez-vous qu'il m'arrivât quelque chose ailleurs en France ?

C'est décidé. Vraiment. Je partirai seul de Menton le 12 juin et je marcherai cinquante jours pour revenir à Montmorillon.

Rentrer symboliquement chez moi. Partir du point le plus éloigné sur la circonférence fictive du cercle de son désir d'évasion et rejoindre son centre, point unique, clairement identifié.

## *Dimanche 4 mars 2018, clic et déclic !*

Alors qu'était affichée sur mon écran d'ordinateur une offre de réservation de la première chambre d'hôte à Menton pour la nuit du 11 au 12 juin, j'hésitais à cliquer sur le mot « *Réserver* ». Une pointe de stress. Le pouls s'accélérait. En étais-je à douter de ma capacité à franchir le pas ? Jusqu'à présent, tout cela n'était que projet. J'avais beau clamer à tous les vents que je partirai quoiqu'il arrive, ce qui au demeurant valait engagement à mes yeux, je n'avais pas encore franchi le point de non-retour. Celui par lequel je m'engageais avec quelqu'un d'autre que moi.

Bien sûr, j'avais déjà fait quelques achats : une paire de chaussures de randonnée, un grand sac à dos, des vêtements techniques légers et même deux bâtons télescopiques en carbone. Je n'avais pas encore commencé ma préparation physique. Mais était-ce là le problème ? J'étais mentalement prêt, mais pas du tout physiquement. Et puis, était-ce bien raisonnable de s'engager pour cinquante jours de marche à travers la France à bientôt soixante ans ? Tous ces questionnements alimentaient les doutes.

Je venais de commencer la lecture de *Pensées en chemin*[1] d'Axel Kahn, généticien, médecin, humaniste de renom, qui raconte avec une précision quasi-scientifique, comment, à plus de 68 ans, il a traversé la France des Ardennes au Pays Basque du 8 mai au 1$^{er}$ août 2013. J'y avais puisé des renseignements précieux que seul le vécu pouvait aussi bien restituer. J'avais aussi compris tout le bonheur qu'il avait eu à le faire, et à le refaire, puisqu'il parcourut la

---

[1] Editions Stock, 2014

même distance de la Pointe du Raz à Menton l'année suivante !

Une nouvelle fois, je devais me motiver en suivant des exemples. Si Axel Kahn avait pu le faire à deux reprises, alors, je devais pouvoir le faire une seule fois sur une distance plus courte.

L'instant était grave. Après ce clic, un tout petit appui de mon index droit sur le bouton gauche de la souris, geste anodin mais ô combien sérieux en l'occurrence, je serai définitivement passé en phase de réalisation. Je n'aurai plus le choix. Je devrai sortir de ma zone de confort, celle de la future petite vie tranquille de retraité. Je devrai accepter de m'endolorir en espérant que la contrepartie, faite de découvertes, de grand air, de paysages merveilleux, de sites grandioses, de rencontres enrichissantes et de tout ce que la nature peut apporter de bienfaits, soit à la hauteur de mes espérances.

Je pourrai vérifier si David le Breton dit vrai lorsqu'il écrit [1] :

*« La marche réduit l'immensité du monde aux proportions du corps. L'homme y est livré aux seules ressources de sa résistance physique et de sa sagacité à emprunter le chemin le plus propice à sa progression : celui qui autorise le mieux à se perdre s'il fait de l'errance sa philosophie première, ou celui qui mène au terme du voyage avec le moins d'embûches s'il se contente seulement de se déplacer d'un point à l'autre. Comme toutes les entreprises humaines, même celle de penser, la marche est une activité corporelle, mais plus que les autres elle engage le souffle, la fatigue, la volonté, le courage devant la dureté des routes ou l'incertitude de l'arrivée, les moments de faim ou de soif quand nulle source n'est à portée des lèvres, nulle auberge, nulle ferme pour soulager le chemineau de la fatigue du jour. »*

---

[1] *Eloge de la marche*, Editions Métailié, 2000

J'allais devoir me prouver à moi-même que je pouvais me lancer ce défi. Et avant d'en tirer la moindre once de fierté, il fallait que j'aille jusqu'au bout. L'abandon n'était pas possible.

Je cliquais ! C'était fait. Je partirai pour Menton le 11 juin.

J'achetais en ligne mon billet de train de Poitiers à Menton via Paris. Au diable l'avarice, je réservais en 1$^{ère}$ classe. Quitte à passer une journée entière assis dans un TGV autant en profiter. Commençait alors, sans tarder, la réservation de toutes les chambres d'hôtes, jour après jour, et dans l'ordre précis de mon chemin. Et là, il fallait bien admettre que la révolution numérique avait du bon. Je n'osais imaginer le temps que j'aurais dû passer à trouver les hébergements, à les réserver, à gérer les paiements, si internet et quelques plateformes de location de vacances, fort décriées par ailleurs, n'existaient pas. Dans la plupart des cas, les chambres d'hôtes que j'avais repérées étaient libres. En juin, les touristes ne seront pas encore arrivés en Provence. Au 1$^{er}$ juillet, j'aurai dépassé le Ventoux. Avant cette date, je trouvais sans difficulté des chambres d'hôtes pour une seule nuit. Mais au-delà, en période de vacances estivales, nombreux sont les hébergeurs qui préfèrent louer leurs chambres pour plusieurs nuits.

A sauts de puce, au fil des réservations, j'avançais à travers la France.

Sospel, Coaraze, Utelle, La Tour, Villars-sur-Var, Rigaud, Puget-Théniers : la première semaine était bouclée ! Autant de lieux dont je ne savais rien d'autre qu'un nom sur une carte. A chaque étape, je prenais bien soin de tracer mon parcours jusqu'au seuil de la maison qui m'accueillera. A Utelle, ce sera un gîte d'étape. La personne en charge de la réservation n'était pas disponible. Je renouvellerai mon appel dans deux semaines. Qu'importe, je faisais le pari qu'elle aurait une place pour moi !

Annot, La Colle-Saint-Michel, Thorame-Basse, Tartonne, Digne-les-Bains, Thoard, Sisteron. La seconde semaine me portait sur les rives de la Durance. J'aurai alors parcouru 270 kilomètres et grimpé près de 14000 mètres, c'est-à-dire 1000 mètres de dénivelé en moyenne par jour. Le plus dur, mais aussi le plus beau, sera derrière moi. La limite des 25 kilomètres maximum par jour que je m'étais fixée était plutôt bien respectée. La moyenne pour ces deux premières semaines était de 19,3 km. Mais une étape dépassait les 30 km et la plus courte avoisinait les 14 km. Il faudra gérer ses efforts et son repos, me disais-je, philosophe, à défaut de toute expérience en la matière. Je pris la décision de n'observer aucune journée de repos. Je prévoyais de marcher tous les jours. Cela m'évitait de me poser des questions sur la fréquence la meilleure pour observer une pause. Un rythme régulier me semblait préférable, à la condition de bien récupérer chaque nuit. Les clauses du contrat que j'aurai à passer avec mon corps étaient on ne peut plus claires. L'exigence allait être de rigueur.

Noyers-sur-Jabron, Montfroc, Reilhanette, Saint-Léger-du-Ventoux, Malaucène, Séguret et Sainte-Cécile-les-Vignes. Me voilà arrivé dans la vallée du Rhône. J'ajoutais jour après jour mes étapes dans un beau tableau de bord, qu'on appelle roadmap, lorsqu'on est branché. Tout y était consigné : le nom de mon hôte, son adresse exacte, son numéro de téléphone. Avais-je réservé une table d'hôte, ou repéré un restaurant à proximité, après avoir vérifié qu'il serait bien ouvert ce soir-là ? Le petit-déjeuner, prestation ô combien majeure lorsque vous vous apprêtez à prendre la route pour plusieurs heures, était-il bien compris ? Je pressentais que cette feuille de route serait le sésame de mon voyage. J'en ferai plusieurs exemplaires que je prendrai le soin de glisser dans des poches étanches.

Pont-Saint-Esprit, Orgnac-l'Aven, Vallon-Pont-d'Arc, Banne, Les Vans, Vielvic, Le Bleymard... Nadine, Myriam, Patrick, Renelle, Roch et Sophie, Martine et Olivia... A chaque arrêt, le prénom de mon hôte, plus que son nom, était la promesse d'une rencontre et d'échanges. Je prenais le soin, en réservant en ligne, de personnaliser mon message et de bien présenter le contexte :

*« Du 11 juin au 30 juillet je vais traverser la France à pied de Menton à Montmorillon dans la Vienne, soit 1100 km environ. Je vais passer par Banne et si je pouvais profiter de votre chambre d'hôte pour me reposer de mon 25ème jour de marche, ce serait vraiment super. »*

Est-ce par vantardise ou juste pour bien m'assurer que l'on tiendrait compte de ma condition de marcheur harassé ? Je redoutais en effet de trouver porte close à mon arrivée. Je craignais qu'on ne m'ait préféré un autre locataire plus avenant et qu'on m'écrive avant mon arrivée : « *Nous sommes désolés, mais nous ne pourrons pas vous héberger lundi soir !* » ou, pire, qu'on me dise en arrivant : « *Ah non, c'est complet, désolé...* ». Aussi, valait-il mieux évoquer d'entrée dans nos échanges, ma faiblesse réelle, voire susciter un petit élan de solidarité, pour ne pas dire de compassion. Bref, j'avais beau revendiquer une grande autonomie en journée, j'étais conscient de passer sous dépendance en soirée.

Mende, Rieutort-de-Randon, Aumont-Aubrac, Fournels, Grandval, Paulhac, Murat. Je ne devais pas passer par Mende ; mais mes recherches d'un hébergement entre Le Bleymard et Rieutort-de-Randon restant vaines, je dû me résoudre à faire ce crochet vers l'ouest. Au fil des jours, mon tableau se remplissait, ma route s'affirmait. Je la parcourais cent fois, virtuellement, sur mon écran. J'imaginais les collines et les rivières, les hameaux et les champs, les forêts et les chemins. J'idéalisais les paysages que je survolais avec aisance, sans effort, sans souffrance, sans même la perception de mon propre corps. Il est aisé de voyager sur un écran. J'étais loin du compte, à cent lieues de la réalité. Il allait falloir que je remette les pieds sur terre, au propre et au figuré.

Ségur-les-Villas, Condat, Bort-les-Orgues, Saint-Fréjoux, Meymac, Bugeat, Lacelle. J'étais déjà au pays. Le Limousin, c'est chez moi. Allez hop ! Un dernier trait en Haute-Vienne entre Eymoutiers et Le Dorat et ma diagonale sera bouclée.

Et voici ma diagonale. Ce sont des chemins ruraux, des pistes forestières, des sentiers de pleine nature, balisés ou non, GR parfois, mis bout à bout, mètre après mètre, et joints entre eux, par quelques rubans de bitume. Lorsque les routes deviennent inévitables, elles sont choisies étroites et sinueuses. Elles allongent le tracé d'innombrables zigzags dont un des charmes, et non le seul, sera de repousser l'heure de l'arrivée.

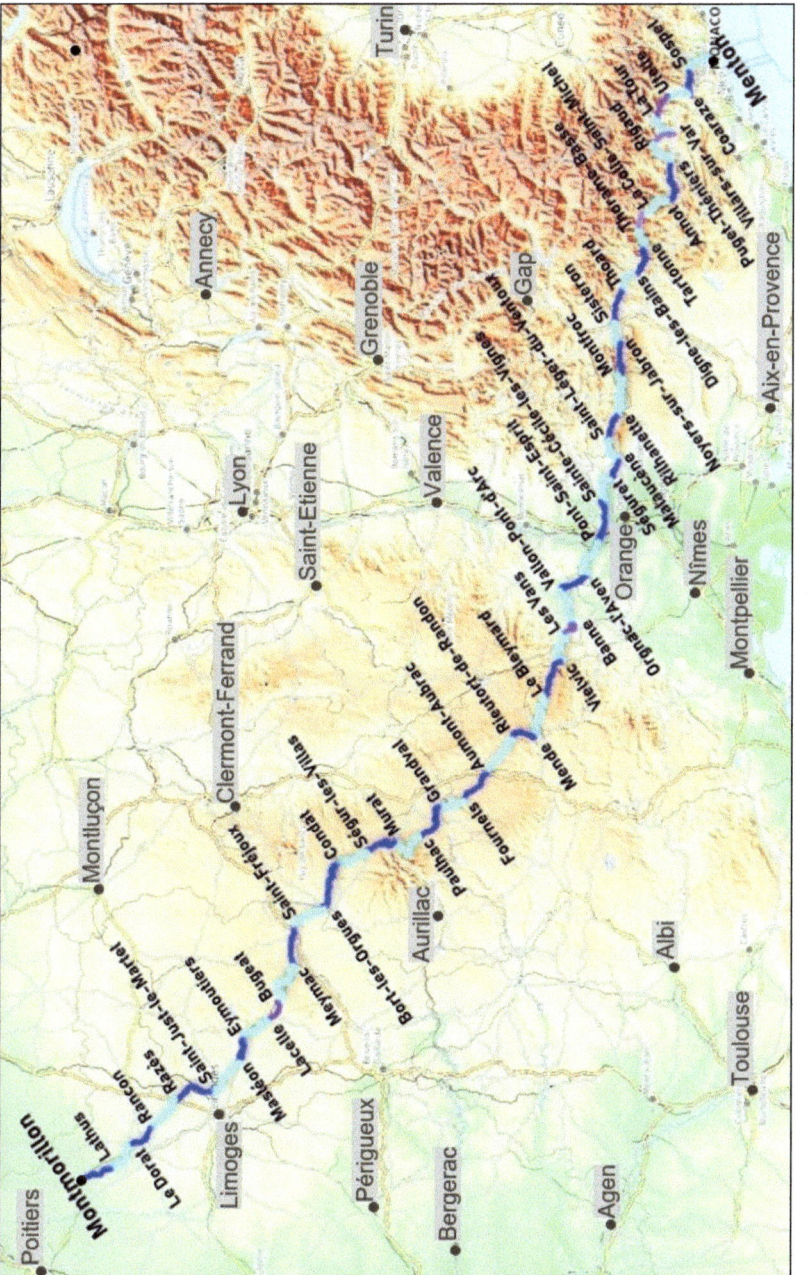

## *Vendredi 30 mars 2018, préparation.*

C'était fait. Le trait noir était en place sur la carte de France. Le chemin bien défini. 1100 km et près de 30000 mètres de dénivelé à grimper et autant à descendre.

Le e-billet TGV était dans le smartphone. Il m'avait fallu un mois pour faire les réservations des cinquante chambres d'hôtes, gîtes d'étape, hôtels ou camping, avec l'assurance qu'on m'attendrait chaque soir, et que je n'aurai pas à chercher un logement de fortune. J'étais rassuré. L'équipement était rassemblé et le sac à dos presque bouclé. Bref, tout était calé pour la logistique. Sauf mes jambes... mais ça, c'était une autre histoire.

J'allais maintenant consacrer les mois d'avril et mai à m'entrainer, seul, sans coach.

Les premières sorties de plus de vingt kilomètres avec mon sac à dos lesté de dix kilogrammes furent laborieuses. Je revenais cassé à la maison. Je peinais à m'extraire de ma voiture, le dos en compote. Je mesurais alors ce qu'il me restait à subir pour être prêt début juin. Loin de me décourager, bien au contraire, je profitais des jours qui s'allongeaient et de températures plus clémentes pour augmenter la durée de mes marches. A défaut de montagnes, j'optais pour les vallées des rivières alentour afin d'ajouter un (tout) petit peu de dénivelé : la Vienne, la Gartempe, l'Anglin, la Benaize et la Creuse seront mes terrains de jeu. Je prenais plaisir à retrouver la nature qui s'éveillait. Parfois le soleil donnait un avant-goût d'été, ou, au contraire, il m'arrivait de tester ma nouvelle veste imperméable ou simplement un poncho pour éviter une averse orageuse. La pluie ne me convenait guère. Erling Kagge, aventurier des temps modernes, explorateur norvégien qui fut le premier à avoir réussi le challenge des trois pôles (pôle Nord, pôle Sud et mont Everest), affirme [1] :

*« Marcher uniquement par beau temps - rester à l'intérieur qu'il vente, qu'il pleuve ou qu'il neige - revient à laisser de côté la moitié de cette expérience. Voire la meilleure partie. »*

Sans doute avait-il raison. Pour autant, je préférais les longues et chaudes journées d'été aux soubresauts du printemps.

La chaleur et le relief trop plat n'étaient pourtant pas mes alliés lorsqu'ils réveillaient cette maudite tendinite de l'essuie-glace que je trainais depuis des années. Parfois, après plusieurs kilomètres à un rythme soutenu, la brûlure ressentie au niveau de la bandelette ilio-tibiale, sur la face externe du genou droit, devenait si vive qu'il me fallait une source de froid pour apaiser la douleur. Un ruisseau, ou à défaut une flaque d'eau, me suffisait le plus souvent. La brulure cessait vite et je pouvais reprendre la marche… jusqu'à la prochaine crise. J'emportais aussi avec moi une petite bombe de froid. Jamais, toutefois, la douleur n'avait été assez intense pour me faire renoncer et j'avais toujours pu boucler mes séances de préparation sans les écourter, même s'il m'avait fallu quelquefois serrer des dents. J'avais aussi remarqué que je n'avais jamais mal dans les ascensions, pour peu qu'elles soient assez longues. Aussi, compte-tenu du profil des deux tiers des étapes qui m'attendaient, je ne m'inquiétais pas outre mesure et je m'apprêtais à gérer cette complication. A titre préventif autant que curatif, j'appliquais régulièrement une pommade anti-inflammatoire et, début mai, je prenais rendez-vous avec un podologue. Les semelles correctrices

---

[1] *Pas à pas,* Flammarion, 2018

devraient participer à soulager les douleurs causées par la tendinite. A défaut d'une guérison, qui aurait été un vrai miracle, elles m'ont permis de poursuivre ma préparation sans que la situation ne s'aggrave.

Ayant trouvé chaussure à mon pied, entendez par là qu'aucune ampoule n'était venue pourrir ma préparation physique, je m'empressais d'acheter une deuxième paire strictement identique car j'avais bien compris qu'une seule ne suffirait pas à faire le chemin dans son intégralité.

Fin mai, j'étais proche des 450 km de marche. La plupart réalisés avec plus de dix kg sur le dos. Je pouvais enchainer quatre jours consécutifs et je notais avec satisfaction une fatigue moins marquée à chaque fin de séance, pas de courbature le lendemain et surtout une bonne capacité de récupération qui me rendait optimiste pour le grand départ.

J'étais prêt. Du moins, le pensais-je.

Il me fallait maintenant définitivement choisir ce que j'allais mettre dans mon sac à dos. En théorie, c'est juste un point purement technique. Il s'agissait de limiter son contenu en tenant compte de la nécessité de rester cinquante jours en autonomie partielle tout en considérant que la nourriture et l'eau seront trouvées chaque jour sur place, qu'il me sera possible de faire des achats dans les bourgs que je traverserai et que, hébergé en chambres d'hôtes ou à l'hôtel, je devrais normalement y trouver les produits nécessaires pour me laver. Prudent, je me préparais une trousse de toilette minimale en y prévoyant tout le nécessaire en petite quantité pour le cas où les conditions d'accueil seraient plus spartiates. J'y ajoutais une serviette légère en microfibres.

Pour ce qui est des vêtements, en été, on peut randonner léger. C'est une chance. Il me fallait toutefois prévoir du gros temps en montagne. A minima, me protéger d'une intense averse orageuse, d'une journée entière de pluie et anticiper quelques matins froids sur les plateaux du Cantal, sous la pluie et le vent. Une veste Goretex et un polaire, en complément d'un poncho imperméable, feraient l'affaire. Que n'avais-je pas lu sur les trois couches des trekkers au long cours.

Je décidais aussi de ne pas être de corvée de lessive chaque soir. Je prévoyais plutôt d'utiliser la machine à laver de mes hôtes quand ils proposaient cette prestation dans leur offre. Il en résultait que je devais emporter plusieurs exemplaires de tee-shirts en matière synthétique légère, de sous-vêtements en coton et de paires de chaussettes. Juste l'essentiel, mais pour plusieurs jours. Deux shorts de randonnée et deux casquettes complétaient mon équipement. Pour les soirées, après la douche, j'ajoutais quelques vêtements plus décontractés et une paire de sandales pour laisser revivre mes pieds meurtris.

Je trouvais dans les livres ou sur les sites internet dédiés toute une liste d'accessoires qui pouvaient être utiles en cas de problème : un couteau solide et léger, une lampe frontale, un sifflet, une boussole, une deuxième paire de lacets, une couverture de survie, une inévitable trousse à pharmacie trop bien garnie. Et toutes les petites boites à pilules remplies des médicaments que je devais avaler chaque jour à perpétuité en souvenir d'un accident vasculaire qui m'avait réveillé quinze ans plus tôt. Je n'oubliais pas non plus une paire de lunettes solaires et une deuxième paire de lunettes de vue. Je n'osais imaginer à quel point je serais handicapé si, par accident, je cassais mes lunettes de vue.

Définitivement geek, je m'équipais de deux smartphones avec GPS sur lesquels la trace de mon chemin était téléchargée avec accès aux cartes IGN de la France entière et j'ajoutais, luxe extrême compte-tenu de son poids, mon iPad avec lequel je comptais bien essayer de rester connecté, puisqu'il était inscrit dans l'agenda du mois de juin une phase finale de Coupe du Monde de football en Russie. Il ne fallait pas oublier une batterie supplémentaire et tous les câbles et chargeurs nécessaires.

J'envisageais de partager mon aventure avec les membres de ma famille et mes amis en publiant chaque jour, sur les réseaux sociaux, mes découvertes et mes rencontres, à grand renfort de photos prises avec mes téléphones. Cela m'occupera le soir. Enfin, J'emportais trois livres : *Petit traité sur l'immensité du monde* de Sylvain Tesson, *Entre deux mers* d'Axel Kahn et *C'est une chose étrange à la fin que le monde* de Jean d'Ormesson pour le cas où je trouve du temps disponible.

L'essentiel et le superflu étaient alignés. Je faisais et refaisais dix fois mon sac à dos. Ajoutant un polo, enlevant deux paires de chaussettes, révisant à la hausse le nombre de pansements double-peau, vérifiant le bloc-notes et le crayon, non, deux crayons. Ça ne pèse rien un crayon. J'enlevais le peigne, ça ne pesait pas bien plus qu'un crayon, mais, de toute façon, je n'en avais pas besoin. J'avais pris rendez-vous pour une belle tonte de printemps qui devait me laisser un millimètre de cheveux sur le crâne. Le temps qu'ils repoussent, je serai rentré !

Dernier caprice, j'emportais un drone. Je pourrais ainsi faire de belles prises de vues en hauteur et des vidéos. J'avais bien repéré les zones de vol autorisé et les paysages révélés par Google Earth méritaient qu'on les immortalise sur des cartes mémoire. Comble du narcissisme, à défaut d'avoir avec moi une équipe de France Télévision, je pourrais même me filmer randonnant dans la montagne. Mais tout se paie ! Pour ce caprice-là, je devais accepter de porter un kilogramme de plus. Qu'importe, l'idée méritait bien un effort.

Mon sac, gonflé comme un adepte du bodybuilding sous anabolisants, pouvait passer sur la balance. Il frisait les 15 kg, ce qui, le laissait sous la toise des 20% du poids de celui qui allait le porter, même en y ajoutant les 2,5 kg d'eau et de nourriture qu'il me faudrait emporter chaque matin. Ouf ! J'étais dans les normes !

## *Lundi 11 juin, Paris en guise de prologue.*

Ce n'est pas sans un pincement au cœur que je laisse Béatrice, mon épouse, avec qui je partage ma vie depuis trente-sept ans, lorsque, sous une pluie battante, je monte dans la voiture de ma sœur. C'est la première fois que nous allons être séparés aussi longtemps. Et bien qu'elle ne se soit jamais opposée à mon projet, je devine qu'elle nourrit quelques légitimes inquiétudes. Tout randonneur sait bien que marcher seul en montagne n'est pas sans risque. Bien sûr, je ne suis ni un débutant, ni un casse-cou. Je suis correctement équipé et mon chemin ne passera pas en haute montagne. Mais les accidents sont fréquents sur les sentiers escarpés et glissants, tandis que les ravins n'ont pas besoin d'être profonds pour être fatals. Même en étant prudent, une chute est possible, souvent là où on l'attend le moins. Et un sac à dos de 17 kg sur les épaules n'arrange en rien le maintien en équilibre lorsque le sol se dérobe. Ce risque-là ajoute certainement un peu de piment à l'aventure. A vaincre sans péril, on triomphe sans gloire !

Ma sœur me laisse à la gare de Poitiers où je prends peu après un TGV pour Paris. J'avais fait quelques comparaisons chiffrées. En ligne droite, à vol d'oiseau, la distance séparant mon domicile de la plage de Menton au pied du casino est de 599 km. Google Maps me propose un itinéraire à pied de 758 km, mais, à nul doute, ce chemin le plus court ne doit pas être agréable à suivre. En voiture, l'itinéraire le plus rapide est de 916 km. Et moi je vais faire 1042 km dont 55 km en voiture, 982 km sur les rails et 5 km en marchant dans Paris. C'est là mon prologue entre la Gare Montparnasse et la Gare de Lyon.

J'ai fière allure, avec mon sac sur le dos et mes chaussures de randonnée dans les rues de Paris. Pour autant, personne ne le remarque. On ne prête guère attention aux gens qu'on croise dans la capitale. Je suis pourtant certain d'en voir ici davantage en une heure de marche, que tous les autres jours de mon voyage sur les sentiers. En d'autres circonstances, j'aurais aimé marcher dans Paris, mais aujourd'hui, je suis juste en transit. La pluie tombe de plus en plus drue au fur et à mesure que je m'approche de la Seine. Vite fuyons ! A 14h11, le TGV qui m'emporte à Menton quitte le quai. Mais il s'arrête à Nice car, pour bien respecter la grève du lendemain, il faut stopper le train là où il se trouve quand sonnent les huit coups de 20 heures. C'est un aléa mineur, qu'un TER fait oublier quelques minutes plus tard. J'arrive à Menton avec moins d'une heure de retard. Cela n'a pas d'importance. Plus j'approche de ma destination, plus je passe en mode lenteur absolue. J'oublie que je viens de traverser la France à 300 km/h. Demain je ferai du 4 km/h maxi.

Erling Kagge propose une image qui oppose bien le monde de la vitesse à celui de la lenteur :

*« Si vous roulez en voiture en montagne, en laissant défiler à toute allure les petits lacs, les rivières, les pierres, la mousse et les arbres, la vie est tronquée : elle devient plus courte. Vous ne sentez pas le vent, les odeurs, le temps qu'il fait, ni les changements de lumière. Vos pieds ne vous font pas mal. Tout n'est plus qu'un seul fondu-enchaîné.*

*Et il n'y a pas que le temps qui s'amenuise au fur et à mesure que la vitesse augmente, mais aussi votre perception de l'espace. Soudain, vous vous retrouvez au pied de la montagne. Le sentiment de la distance disparaît. Arrivé au terme de ce voyage, vous pouvez être tenté de croire que vous avez vu pas mal de choses. Je doute que ce soit vraiment le cas.*

*Si, en revanche, vous marchez pour réaliser le même trajet, vous mettrez alors une journée entière au lieu d'une demi-heure, en respirant plus librement, l'oreille aux aguets, avec la sensation du sol sous vos pieds, la journée sera tout autre. La montagne s'élèvera petit à petit dans le lointain et vous aurez l'impression de voir grandir le paysage environnant.*

*Se familiariser avec ce qui vous entoure prend du temps. C'est comme créer des liens d'amitié. La montagne, droit devant vous, qui change lentement au fur et à mesure que vous avancez vers elle, vous donne l'impression d'être une amie proche quand vous arrivez enfin à destination. Vos yeux, vos oreilles, votre nez, vos épaules, votre estomac et vos jambes parlent à la montagne, et celle-ci répond. Le temps s'étire, indépendamment des minutes et des heures.*

*Là, réside précisément le secret que partagent tous ceux qui marchent : la vie dure plus longtemps quand on marche. Marcher démultiplie le temps. »*

J'y suis. Ici commence mon aventure. A partir de cet instant, je vais me *mettre en vacances de l'existence,* comme l'écrivait Jacques Lanzmann.[1]

---

[1] *Fou de la Marche,* Laffont, 1985

## *Mardi 12 juin, de Menton à Sospel.*

Je quitte Menton, ses roses, ses ocres, ses jaunes, ses clinquantes villas et palaces fleuris pour gagner les hauteurs où l'orage m'attend. Il pleut chaque après-midi dans cette partie de la France. Comme un peu partout en France, d'ailleurs. Pourtant à 9h, lorsque je quitte l'avenue Riviera où j'ai passé ma première nuit, en descendant sur la Promenade du Soleil, le ciel est bleu et il fait déjà chaud.

Pour être sûr de partir symboliquement du point le plus bas, je descends en touriste jusqu'à toucher la mer. On s'affaire. Camions et bulldozers préparent la plage des Sablettes avant l'arrivée massive des premiers vacanciers. La ville m'était apparue bien ensommeillée lorsque je l'avais parcourue hier soir, vers 22 heures, à la recherche d'une pizzeria que je n'eus aucun mal à trouver. La trépidation est bien différente ce matin. Sur le littoral, plus on s'approche des rives et plus l'agitation est criante. Je ne suis pas venu ici pour y rester et je m'en félicite. J'aspire à fouler d'autres espaces moins plats et moins peuplés. Je file droit vers l'est, vers l'Italie, avant de tourner à gauche, dos au port de plaisance de Menton-Garavan.

Le premier panneau de bois indiquant « *Plan du Lion – Col du Berceau – Sospel – GR 52* », juste avant de passer sous la voie ferrée, me donne le vrai départ. Il s'agit de la balise n° 1. Quelle coïncidence, il est exactement 10h10. L'heure universelle qu'affichent toutes les pendules du monde dans les publicités en dessinant l'optimiste V de la victoire. L'heure GMT. L'instant zéro !

Le moment de vérité est là. Je sais ce qui m'attend. Je vais pouvoir enfin juger de quoi je suis vraiment capable.

*« C'est la vraie marche. En avant, route ! »* disait Arthur Rimbaud.

A midi, je n'ai grimpé que 500 mètres. Je n'ai pas encore quitté la civilisation côtière. Je me traîne. J'ai hâte que cesse le vrombissement incessant des moteurs sur l'autoroute que je surplombe. Il me semble qu'il me faudra un temps infini pour basculer de l'autre côté de la première crête qui fera écran au bruit des voitures. Je n'ai pour seul réconfort que la vue splendide de la mer lorsque je me retourne. Le paysage est récompense. Il offre un répit aux jambes et permet de retrouver son souffle. Il faut que j'en profite car bientôt je me retrouve dans les brumes que forme l'air marin au contact de la montagne.

Je croise trois jeunes randonneurs qui viennent de passer la nuit en bivouac dans la montagne. On échange quelques mots. Cela me donne l'occasion d'une respiration dans mon ascension.

Plus loin, la conversation avec quatre militaires armés jusqu'aux dents, tourne court. Visiblement, la seule chose qui les intéresse est de savoir si j'ai vu quelqu'un d'autre. Enfin, quelqu'un d'anormal ici. Entendez quelques migrants se cachant dans les fourrés. La frontière avec l'Italie est ici à moins de deux cents mètres du sentier. Au nombre de sacs éventrés et de vêtements jonchant le sol que j'avais remarqués à l'entame du GR 52, quelques heures plus tôt, juste après les dernières habitations, je pressentais une activité pour le moins suspecte. Non, ce ne sont pas des randonneurs qui se débarrassent du contenu de leur sac à dos à l'approche de Menton.

En milieu d'après-midi, alors qu'il me reste encore beaucoup de chemin à faire et 300 mètres à grimper, une pancarte m'incite à m'écarter de mon chemin. Elle souhaite la bienvenue aux randonneurs et leur propose de l'eau fraîche. L'accueil est sympathique. Je m'y arrête. Tire deux grand verres d'un jerrican et les avale d'un trait. Là, à l'ancienne ferme de Mourga, à l'altitude de 850 mètres, un "fermier" des temps post-modernes, adepte de la permaculture avec ses deux chiens, gentils, me dit-il, mais très aboyeurs, ses alpagas et ses moutons, me fait rapidement visiter son jardin. Il m'offre une bière que je refuse. J'ai déjà beaucoup de retard sur le temps que j'avais prévu. Ce maudit chronomètre, symbole de toute une vie conditionnée par l'immédiateté, la vitesse et la réactivité, va-t-il me harceler encore longtemps ? Bêtement, et parce que mon cerveau est trop occupé à gérer la confrontation entre la montagne et les muscles de mes jambes, que je suis trop dans l'action et par encore dans la réflexion, je ne prends pas le temps de discuter. Dommage, il y avait là pour moi une bonne occasion d'apprendre sur la permaculture.

J'arrive à Sospel avec deux heures de retard. J'avale une grande menthe à l'eau à la première terrasse d'un café que je trouve sur ma route. Ma première récompense. Mais je n'ai pas fini. Il me reste une heure de marche pour arriver à la chambre d'hôte que j'ai réservée. Je ne prends pas non plus le temps de visiter le centre de Sospel. Deuxième erreur ! Mais le corps a ses limites que l'esprit, au repos, ne peut pas toujours comprendre. Cette première étape, au dénivelé impressionnant pour un néophyte qui se croyait prêt mais qui ne l'est pas, m'a semblé bien longue.

Finalement, après neuf heures de marche, je dois reconnaître qu'une heure plus tôt, depuis la forêt, à l'approche de Sospel, j'étais heureux d'entendre à nouveau des moteurs de voitures qui annonçaient la proximité du village. Les mêmes que j'avais hâte de ne plus entendre le matin même.

Lorsque j'arrive chez Gilles et Livia, mes hôtes, l'orage menace et quelques gouttes rafraichissent l'atmosphère. J'ai échappé à la pluie. Gilles me propose de me prêter sa voiture pour que je puisse aller diner à Sospel. Gêné, je refuse. Mais je n'ai pas envie pour autant de faire six kilomètres de plus à pied. Finalement, mes hôtes partagent leur repas avec moi. Ce soir-là, la saucisse aux pois chiche accompagnée d'un morceau de pain et d'une bière a pris des airs de festin. Le charme de l'imprévu et le retour à l'essentiel ont simplement balayé toute idée de confort.

Je suis fourbu. J'ai passé une journée entière à suer sang et eau, à réajuster mon sac qui m'arrachait les épaules et à regarder mes pieds en me concentrant sur les petits cailloux qui roulent, qui roulent...

Je suis heureux de cette première grande victoire ! La nuit se promet douce. Elle ne le sera pas. Jamais je n'ai eu autant mal aux jambes.

> Le premier pas hasardé mène bien loin.
> *Proverbe français*

## *Mercredi 13 juin, de Sospel à Coaraze.*

Je me suis écarté du fourmillement du littoral. La distance de vingt kilomètres qui m'en sépare peut paraître bien faible, mais elle suffit à garantir le calme, dans un paysage de montagne préservé où les villages dortoirs semblent bien sereins. Je vais en avoir la preuve aujourd'hui en changeant de cap. Je file plein ouest, vers l'Atlantique ! Je laisse Sospel pour rejoindre le Col de Braus par des sentiers moins empruntés que les GR. Les chemins noirs de Sylvain Tesson. L'écrivain, l'aventurier, que j'ai maudit cent fois hier, de m'avoir ainsi entrainé dans cette galère. Mais que j'ai chéri autant de fois de me procurer tout ce bonheur d'être ici.

Aujourd'hui, la pluie va s'inviter au voyage. Fort de mon expérience de la veille, qui m'a appris qui faut rester humble en montagne, j'ai bien étudié le parcours du jour. Au-delà de la crête du Mont Auri que je franchis à 1050 mètres après avoir rejoint le GR 510 au Col de Braus, je descends doucement sur Lucéram qui se situe environ à mi-parcours. C'est là que j'ai prévu de trouver de quoi me sustenter.

Il pleut déjà avant d'arriver au Col de Braus. S'ajoutant aux averses qui m'obligent à sortir mon poncho autant inconfortable qu'imperméable, le mauvais entretien du GR 510 ne facilite pas la progression. Tantôt dévié, tantôt obstrué par des arbres déracinés ou cassés en raison des neiges abondantes de mars, le sentier se transforme par endroit en course d'obstacles.

Cette situation m'aurait distrait sans mon sac à dos. Passer sous les branches sans y rester accroché m'impose de belles contorsions et de sacrés efforts pour me relever. Le comble pour un GR, pensais-je alors. Mais il m'en faudrait d'autre pour ruiner mon moral.

J'atteins Lucéram en début d'après-midi. Je fais le tour du bourg deux fois, sous la pluie, je n'y vois presque personne dans les rues et aucune boutique ouverte. Lucéram, avec ses 1300 habitants pour 150 emplois, est un très beau village dortoir de la banlieue de Nice dont la principale activité est le tourisme, mais pas à 15 heures au mois de juin ! Qu'importe, j'assume avec humilité mon erreur. J'aurais dû anticiper. Et j'apprends ! A défaut de victuailles trouvées sur place, je me rabats sur quelques barres aux céréales que j'avais pris soin de mettre au fond de mon sac. Au sec sous un abribus, sans risque d'y voir un autocar s'y arrêter vu l'horaire, je quitte mon poncho, enfile un polaire et je reprends quelques forces avant de quitter la vallée du Paillon pour ma deuxième ascension du jour.

J'approche de l'arrivée, dans un état pitoyable, après une dernière ascension épuisante et neuf heures de marche pour 1280 mètres de montée, sans avoir croisé âme qui vive ! J'ai toute la nature à l'état brut des Alpes-Maritimes pour moi tout seul. Quelle aubaine !

Sur la route pentue qui mène à Coaraze, je trouve aisément la maison de mon hôte, à l'Oliveraie de la Leuzière. Roland m'a prévenu la veille qu'il devait s'absenter urgemment pour des raisons familiales et qu'il ne serait pas là pour m'accueillir. S'il n'avait eu pitié de moi, il aurait certainement fermé son auberge pour la journée entière et pour tous ses clients. Mais il avait préparé le repas et confié à Rosemarie, une amie du village, le soin d'assurer le service et de veiller sur moi. Je me retrouve ainsi seul dans cette auberge à déguster d'excellentes spécialités niçoises et italiennes préparées à mon intention et servie et commentées par Rosemarie.

Pour qui marche longtemps, l'eau et la nourriture occupent une place essentielle et prennent une valeur qui n'a plus grand-chose à voir avec le prix qu'elles ont en réalité. En deux jours de randonnée intense, je viens d'apprendre qu'un repas frugal peut valoir une savoureuse gourmandise et qu'un bon repas se transforme en festin de roi. De même, un simple verre d'eau ou une bière bien fraîche deviennent des nectars.

Et déjà en seulement deux jours, je me sens déconnecté de tout le reste. Les effets de la marche sont fulgurants.

Avant de plonger dans les bras de Morphée, j'étends mon poncho sur le dossier d'une chaise et je place mes chaussures trempées dehors, sur le rebord de la fenêtre, pour qu'elles sèchent. On nous annonce du beau temps pour demain. Tant mieux.

Je suis réveillé plusieurs fois encore cette nuit. Mes jambes peinent à s'accommoder au régime que je leur impose. Il faudra bien pourtant qu'elles s'habituent. Je n'ai pas prévu de renoncer.

> Ce sont les petites pluies qui gâtent les grands chemins.
> *Proverbe français*

## *Jeudi 14 juin, de Coaraze à Utelle.*

C'est parti pour la troisième journée sous le ciel bleu et le soleil. Rosemarie a pris soin de me réserver un sandwich à l'unique épicerie-boulangerie-bar de Coaraze, un des plus beaux villages de France, cher à Jean Cocteau. Il viendra y signer un des nombreux cadrans solaires qui ornent les murs aux couleurs italiennes bleu, rose ou jaune des ruelles médiévales pavées et pentues.

J'avale un café, range mon sandwich dans le sac à dos que j'enfile sur mes épaules meurtries. Mais quel supplice pour démarrer ce matin ! J'ai mal aux hanches, aux jambes et aux épaules. Heureusement, après quelques hectomètres en montée, les articulations et les muscles sont échauffés et les endorphines, tout doucement, font leur travail. Bientôt, les douleurs s'estompent et laissent la place à une sensation de presque bien-être. Pourtant, je n'ai pas encore le sentiment d'être dans l'état de plénitude que décrivent les grands marcheurs et que je vais connaitre un peu plus tard. Pour l'instant, je suis plutôt comptable. Je compte les kilomètres, je compte les mètres de dénivelé et je les additionne, je compte les jours, je compte les étapes que je parviens à boucler et je suis encore plein de doutes sur ma capacité à réussir. Et quand bien même le cadre sans cesse renouvelé de ces Préalpes Niçoises s'offre en cadeau à chaque crête franchie, je ne parviens pas à cet état contemplatif tant attendu parce que, physiquement, je suis trop souvent obligé de « piocher » comme disent les sportifs.

Il faut savoir être patient, accepter de souffrir encore un peu, encore un jour ou deux ou peut-être une semaine. Peut-être.

Je fais un bout de chemin avec une randonneuse de Berre-les-Alpes, une commune toute proche. Elle est habituée au relief mais ne me semble pas bien plus fringante que moi. Ça me rassure. Elle me parle du pays et des légendes locales.

En approchant du Col Saint-Michel, après deux heures et demi de montée, je ne remarque pas immédiatement les ruines de Rocca Sparviera (Roc de l'Epervier en français). Elles se noient dans la minéralité grise de la roche au flanc abrupt de la montagne au-dessus du col. On a peine à croire qu'ici vivaient 350 âmes jadis.

Une légende raconte qu'au Moyen-Age, la reine Jeanne, accusée d'avoir assassiné son premier époux, vint se réfugier dans le château avec ses deux enfants Catherine et Françoise, leur nourrice, un prêtre et quelques gardes. Le site était propice au camouflage. La pente escarpée le rendait peu accessible et bien défendable. Mais la famille de l'époux assassiné, criant vengeance, retrouva la trace de Jeanne. Usant de ruse auprès de la population locale et soudoyant le prêtre, elle parvint à éloigner la reine le temps d'une messe de minuit célébrée en l'église de Coaraze. A son retour au château, la reine découvrit un horrible spectacle. Le chapelain était ivre mort, la nourrice gisait dans le bucher et ses deux enfants découpés en morceaux lui avait été servis à table en guise de repas de réveillon.

Folle de douleur, la reine Jeanne repartit le lendemain vers Naples, après avoir fait incendier le château. Sur le chemin du retour, elle proféra alors une terrible malédiction qui tenait en ces termes : *« Un jou vendra que aqui non cantera plus ni gal ni galina ». « Un jour viendra où sur tes ruines ne chantera plus, ni le coq, ni la poule. »*. Et le maléfice se réalisa.

Il s'avère en réalité que les deux enfants de Jeanne qu'elle eut de son second mariage avec son cousin et amant Louis de Tarente sont morts en 1364 pour Catherine et en 1352 pour la cadette Françoise. La légende s'arrête là.[1]

Rocca Sparviera, fut abandonné au cours du XVII$^{ème}$ siècle, surtout en raison de l'absence de source. Le manque d'eau ne devait autoriser qu'une vie précaire. Le village fut aussi partiellement détruit à plusieurs reprises par des tremblements de terre. Je n'irai pas visiter les ruines qui comptent une cinquantaine de bâtisses avec quelques caves voutées bien conservées malgré les méfaits des siècles ; mais je vais un instant quitter mon chemin pour faire une courte halte sur le seuil de la chapelle Saint-Michel (restaurée en 1924) et m'imprégner d'une vue à 360° qui me dévoile, au nord, le village d'Utelle, où je dois me rendre en descendant vers la vallée de la Vésubie.

Je laisse ici ma compagne de randonnée. Le partage de ces quelques kilomètres de sentier et nos discussions m'ont été agréables. Mais je préfère la solitude. Je suis plus réceptif à la nature qui m'entoure. Je m'imprègne d'elle et laisse vagabonder mes pensées au rythme des éléments naturels qui m'alertent délicatement en s'offrant à mes sens. La vue d'un rocher, d'un arbre ou d'une fleur, la caresse du vent, la chaleur du soleil, l'odeur d'un chèvrefeuille ou d'un tilleul, quelques cloches accrochées au cou de brebis ou de chèvres ou le murmure d'un ruisseau. Je suis un solitaire qui s'émerveille de tout.

Qu'un papillon vienne à me frôler le visage et le bruissement de ses ailes, qu'on ne devine pas habituellement, me transporte dans un voyage intérieur que le mouvement de la marche entretient. Avez-vous déjà perçu le bruit des ailes d'un papillon en vol ? Avez-vous déjà philosophé sur

---

[1] Source : freerider06.over-blog.com

ce frémissement en laissant votre imagination y associer le fameux « effet papillon » ? On dit que les battements d'ailes d'un papillon à Honolulu peuvent causer un typhon en Californie.

Pour peu que vous soyez bien dans votre corps, votre esprit peut s'évader des heures durant. Vos pas sont en osmose avec votre pensée et le chemin intérieur parcouru compte autant que les kilomètres avalés.

Est-ce de trop penser, ou plus certainement parce que je vérifiais mon chemin à l'approche du hameau de L'Imberguet, que mon pied gauche a tourné sur le dévers du bitume, m'entrainant tout entier dans une chute que mon sac rendait inévitable ? Je me relevais craignant une entorse, mais la douleur à la cheville s'estompa rapidement. J'avais la main droite en sang. Fort heureusement sur ma route, près d'un oratoire, un lavoir alimenté par une source d'eau pure me permit de me laver et accessoirement de me désaltérer. Les lavoirs font partie de notre patrimoine. Leur histoire est étroitement associée à celle de l'hygiène publique.

En France, il y a plus d'un siècle et demi, en 1850, les épidémies de choléra, de variole et de typhoïde, inciteront le Parlement à voter une loi accordant un crédit spécial pour subventionner la construction de lavoirs couverts. Le lavoir providence qui me porte assistance aujourd'hui a été aménagé en 1939. Une plaque officielle le précise. Je ne sais pas jusqu'à quand celui-ci sera utilisé par les lavandières qui venaient y rincer leur linge, mais il est fort probable qu'il aura perdu de son utilité à l'arrivée des machines à laver au cours des trente glorieuses. Pour l'heure, l'eau de source y coule toujours limpide et bonne.

Je remonte la Vésubie sur quelques centaines de mètres jusqu'à Saint-Jean-la-Rivière où des poèmes écrit par les élèves de l'école primaire sont exposés aux passants sur le grillage de la cour de l'école. La bonne idée. Il ne m'en fallait pas tant pour que je m'amuse à nouveau. Je m'abandonne à les lire. J'ai tout mon temps. J'ai tout le temps du monde. Je m'amuse avec ce poème intitulé « *Les amoureux inséparables* » que je trouve bien taquin.

*« Ami pour la vie*
*Mon amoureux est très gentil*
*On joue à des jeux tout le temps*
*Une amoureuse extraordinaire*
*Reviens je me sens seule quand tu pars. »*

Sans les deux oiseaux, peut-être des colombes, dessinés serrés l'un contre l'autre, mon imagination aurait pu me laisser croire que la jeune auteure romantique était bien en avance sur son âge.

Pour gagner - le mot n'est pas exagéré - Utelle, il me faut terminer ma longue journée de marche par un dénivelé abrupt de 500 mètres. Le sentier qui remonte des gorges de la Vésubie est superbement pavé mais Dieu que la pente est raide et fait mal aux jambes à cette heure avancée de la journée sous un soleil de plomb. Dans son livre « *Pensées en chemin* »[1], Axel Kahn appelle ces portions de chemin à la pente très forte, des « bavantes ». Des bouts de sentiers qui nous en font « baver » !

Me voilà à Utelle après 8h45 et 20 kilomètres de marche. Utelle est un autre des plus beaux villages des Alpes-Maritimes. Un de ces petits villages, victimes d'un exode rural massif dans l'après-guerre, qui ont retrouvé de l'attractivité durant les vingt dernières années, profitant d'un superbe patrimoine architectural et d'une mise en valeur largement facilitée par les capacités de financement du

---

[1] Editions Stock, 2014

département. On n'y voit pas de câbles électriques et les façades et les rues ont été minutieusement rénovées en veillant à leur rendre leur cachet de village médiéval.

L'attrait du site est aussi la Madone d'Utelle, lieu sacré sur une colline à la vue imprenable qui surplombe le village. Je n'y ferai pas pèlerinage, parce que c'est à l'opposé de ma route et que je ne suis pas disposé à me rallonger.
Pour l'heure, je dois me rendre chez Anne-Marie, la gardienne du gite d'étape communal, sans oublier de m'arrêter à « l'Auberge Utelloise » pour réserver mon diner. L'auberge ne fait pas restauration le soir, mais elle fera exception pour moi. Tout à l'heure, on m'y servira une copieuse assiette de charcuterie et j'emmènerai au gite un plateau garni pour mon petit-déjeuner.
Où que j'aille, je suis admirablement bien accueilli, et pas uniquement comme un client. Je ne pense pas que la modeste contribution de dix-huit euros que je donne à la commune d'Utelle en échange de cet hébergement aura un impact fort sur son budget.

En haut de l'escalier, devant la porte d'entrée du gite d'étape de dix places, à l'aménagement très spartiate, que j'occupe seul, la vue est à couper le souffle. Assis sur la dernière marche, je contemple le coucher de soleil sur les sommets enneigés du Mercantour. Le tableau invite à la rêverie.

« - Au fond, c'est le Gelas. La frontière italienne, me précise un voisin qui promène son chien.

Nous faisons connaissance. Il me montre sa maison. En arrivant à Utelle par le sentier de l'Adrech, j'étais passé à proximité de son chenil où une meute de chiens courants attendaient qu'on leur ouvre la porte pour en découdre avec les sangliers.

- Oh oui, il y en a ici des sangliers. Des fois, ils viennent à trente mètres du chenil pour énerver mes chiens. Je suis obligé de me lever pour les calmer.
- Et les loups ? Osais-je attaquer devinant déjà l'importance stratégique de la question.
- Ils sont partout autour ! C'est une catastrophe !

Et il m'énuméra la liste des attaques les plus récentes.

- Vous en avez déjà vu ?
- Non. Ils sont rusés.

Et il poursuit avec un accent méridional qui en ajoutait au lyrisme de son récit.

- Mais une fois, nous avions vidé des sangliers en contrebas du village et j'avais un de mes chiens qui n'était pas rentré. Le soir, je suis allé à sa recherche. Lorsque je suis arrivé là où nous étions le matin, j'ai entendu du bruit dans les fourrés comme s'il y avait des animaux. Nombreux, enfin, plusieurs. J'ai appelé mon chien et au bout d'un moment il est arrivé en courant et s'est précipité dans mes bras. Il ne m'avait jamais fait ça. Il avait l'air terrorisé. Pourtant à la chasse, c'est un courageux, vous pouvez me croire. Alors j'ai entendu les hurlements tout proches. Les loups étaient autour de moi. Je vous jure, je ne les ai pas vu, mais là, j'ai eu la plus grosse peur de ma vie. »

Notre conversation avait matière à se prolonger jusqu'à la nuit.

Je regarde les lumières de Belvédère qui brillent sur les flancs noirs des montagnes du Mercantour. Nous étions là en vacances en 2011. Mais jamais jusqu'à présent le paysage ne m'avait semblé autant m'appartenir. Quand on les parcourt à pied, on ne côtoie plus les lieux qu'on traverse, on se les approprie.

> Quand on conseille au loup de marcher devant les moutons,
> il objecte qu'il a mal aux pieds.
> *Proverbe kurde*

## *Vendredi 15 juin, d'Utelle à La Tour sur Tinée.*

Je quitte Utelle vers 10 heures après avoir fait quelques emplettes dans la petite épicerie du village. Sur la place, on s'active à dresser des stands en prévision de l'ultra-trail Côte-d'Azur-Mercantour qui débute ce soir. Les coureurs du 90 km et du 145 km feront étape ici au 44$^{ème}$ kilomètre de leur parcours de forçats.

Pour me rendre à La Tour, je vais emprunter le GR 5 jusqu'au-delà du Brec d'Utelle à près de 1500 mètres d'altitude, lieu historique où Masséna remporta une célèbre victoire sur les Piémontais en 1793.

Le sentier est jalonné de balises réfléchissantes plantées au sol ou accrochées aux branches des arbustes. J'imagine les runners se guidant à la lumière de leur lampe en pleine nuit. Quand je vois la physionomie du sentier en aplomb du vide en certains endroits, je suis heureux de le faire de jour. C'est une belle virée sous le soleil qui m'attend. Il fait déjà très chaud et je ne m'en plains pas. Aujourd'hui l'étape devait être un peu plus courte et moins difficile. Finalement non. Elle fera 18 km et 1100 mètres de dénivelé. C'est plus que prévu en raison, notamment, d'une histoire belge. Enfin, l'histoire d'un belge et de son chien. Après avoir franchi le col du Castel-Ginesté au terme d'une belle ascension, me retrouvant à l'ombre de la montagne, je décide de faire une courte pause pour profiter de la fraicheur et de la vue superbe sur la Madone d'Utelle et au loin, sur la Méditerranée. Je pose là ma casquette trempée de sueur sur un genévrier, le temps de boire quelques gorgées d'eau. Un randonneur belge très affûté me rejoint et nous engageons la conversation sur notre amour de la randonnée en montagne et la raison de l'absence de nos épouses à notre côté. L'homme me semblant bien sympathique, quoiqu'un peu trop rapide, je décide de le suivre. Jusqu'à ce que le sentier, virant soudain, se retrouve exposé au soleil. Il ne me faut pas longtemps pour me rendre compte que j'avais oublié ma casquette. Bien évidemment, je prends immédiatement congé de mon collègue belge, fais demi-tour afin de récupérer mon précieux couvre-chef et ajoute ainsi deux kilomètres à mon parcours. Quand on aime…

Cet aller-retour imprévu m'a donné l'occasion de rencontrer un couple de Fontainebleau avec leur étonnant chien de compagnie. Un gros chien de meute très intéressé par les cervidés de la forêt de Fontainebleau et d'ailleurs. Il y a foule sur le GR 5 ce matin. Les rencontres sont toujours des moments de convivialité sur les sentiers. On y engage facilement la conversation. Il suffit parfois de quelques mots d'une grande banalité pour créer des liens et partager des tranches de vie.

Lorsque je marche seul, le plus souvent, une multitude de pensées me traverse l'esprit. L'une chasse l'autre sans que je sache pourquoi cet enchaînement est ainsi construit.

En grimpant vers le Brec d'Utelle, non sans émotion, c'est à ma sœur Sylvie que je pense. Elle était de trois ans mon ainée. Elle nous a quitté le jour de ses 61 ans, le 15 mars 2016. Lorsqu'elle avait l'âge que j'ai aujourd'hui, son unique et courageuse lutte était celle pour rester en vie. En vain.

Il me vient à l'esprit que c'est sans doute en perdant ce combat acharné contre la maladie qu'elle m'a imperceptiblement amené à entreprendre cette aventure qu'on ne peut envisager que lorsque l'on possède ce bien le plus précieux qu'est la santé. Ce matin, pousser sur mes jambes a été moins dur en pensant à elle.

Passé le Brec d'Utelle, au col de Gratteloup, je quitte le GR 5 et je prends sur ma gauche le GR 510, dont je n'avais guère apprécié l'état entre le col de Braus et Coaraze. Je n'avais encore rien vu. La descente vers La Tour est un enfer. Abrupt, mal entretenu, peu emprunté et noyé dans la végétation, ce GR semble à l'abandon. En 900 mètres de descente, cent fois j'ai failli le perdre et dix fois j'ai failli tomber. Sans mon GPS et mes deux bâtons, j'aurais eu mille peines à rejoindre le pont de Saint-Jean.

Ce soir-là, lorsqu'au détour du deux-millième virage de la journée (j'exagère à peine !), entre un figuier et un olivier, apparait la terre promise prenant la forme d'un dégradé harmonieux de toitures de tuiles orangées et de murs blancs, je me sens enfin libéré. C'est La Tour.

*« Parce que le paysage, qu'il soit plaine ou montagne, déprimant ou enthousiasmant, est à la fois notre prisonnier et notre geôlier. »* [1]

Cet après-midi, dans la descente infernale, c'était moi le prisonnier. Ce soir, ce sera palace. Je l'aurai bien mérité.

J'ai réservé une chambre à « La Maison de la Tour » sur la Grand Place. Je vais m'offrir un repas trois étoiles sur la terrasse en compagnie d'un résident Suisse, originaire de Charente, venu ici participer à une des courses de l'ultra-trail. Chacun à notre table, nous devisons tranquillement sur les attraits de nos challenges sportifs respectifs, qui, à défaut de se ressembler, invitent l'un et l'autre au respect réciproque.

Il se lèvera demain très tôt pour son épreuve brève et intense. Moi, je prendrai mon temps. Je veux profiter de ce très grand lit qui contraste beaucoup avec mon couchage

---

[1] Jacques Lanzmann, *Marches et rêves,* Editions Jean-Claude Lattès, 1988

austère de la veille. Nul doute que je dormirai bien mieux cette nuit.

> Le caméléon dit : ce n'est pas marcher doucement qui retarde, c'est faire demi-tour.
> *Proverbe malien*

## Samedi 16 juin,
## de La Tour sur Tinée à Villars-sur-Var.

Je prends un copieux petit-déjeuner servi au soleil sur la place du village. De l'autre côté, devant l'église Saint Martin, quelques producteurs locaux tiennent un petit marché. La reposante mélodie de la fontaine, le chant des oiseaux, le parfum apaisant des tilleuls en fleur et la saveur des fruits frais me donnent envie de prolonger mes vacances ici tant le cadre est enchanteur. Mais ma feuille de route me rappelle à mon devoir.

Le chef me prépare un sandwich auquel il ajoute une pomme. Mon pique-nique est assuré. Je peux partir serein pour cette petite étape de 15 kilomètres qui va m'emmener à Villars-sur-Var.

Depuis mon départ, mardi dernier, je me suis bien rendu compte in-situ de la configuration du relief des Alpes-Maritimes. Les torrents encaissés orientés du nord au sud se succèdent. Le Paillon, la Vésubie, la Tinée, le Cians, la Vaïre. Chaque jour, d'est en ouest, cet enchaînement de montagnes et de vallées donne à mes étapes des profils exigeants. Cette traversée est sportive. Et mon fardeau de 17 kg qui me ruine les épaules en ajoute aux efforts qu'il faut répéter inlassablement.

Aujourd'hui est toutefois jour d'exception. C'est la première fois que je commence par une descente. J'en profite pour batifoler et m'extasier devant quelques fleurs que je m'empresse de photographier. « *Le bonheur est une fleur qu'il ne faut pas cueillir.* » disait André Maurois. Je ne les cueille pas. Je capture le délicat dessin de leurs pétales colorés que j'enferme sans douleur pour eux dans la mémoire de mon smartphone.

De l'autre versant de la Ginoire que je viens de traverser, je jette un dernier regard à La Tour, perchée sur son promontoire. J'entends une cigale pour la première fois depuis mon départ de Menton. Je craignais qu'il n'y en ait plus dans le Midi. Il ne faisait juste pas assez chaud. Je suis rassuré.

Après une chute sans gravité mais qui m'a un instant transformé en tortue sur le dos, conséquence d'une glissade sur des gravillons au Pont de Tournefort, je traverse la Tinée dont les flots bleus vont rejoindre ceux du Var, quelques encâblures en aval.

Et pendant ce temps, l'équipe de France livre son premier match de la Coupe du Monde en Russie contre l'Australie. Ne pas regarder le match ne me manque pas. Je vis sur une autre planète. Pour autant, j'aime à me tenir au courant de l'actualité en marchant. Une petite notification sur ma montre connectée me prévient à 13h17 que Griezmann a marqué. J'apprendrai le résultat final un peu plus tard en mangeant mon sandwich à Tournefort.

A l'approche de Villars-sur-Var, le maudit GR 510 va encore me faire un tour pendable. Sur un tout dernier tronçon, un arrêté municipal interdit l'accès au sentier en raison de l'état de vétusté d'une passerelle qui enjambe un ruisseau. Bien évidemment, je ne respecte pas cette interdiction qui vient de façon arbitraire entraver ma condition d'homme libre, de vagabond. Je refuse surtout de revenir sur mes pas et allonger l'étape du jour de plusieurs kilomètres.

Finalement, à quelques mètres de la passerelle en fort mauvais état, je constate qu'il y a un pont, certainement privé, que j'emprunte quelques secondes pour traverser le profond ruisseau.

Aucun pandore n'est venu me dresser procès-verbal.

J'arrive chez Jean-Claude vers 15 heures. Il est professeur de yoga et adepte de la marche en Inde où il se rend régulièrement. Il s'est créé, au pied de sa maison, un espace de vie propice au repos et à la méditation, entre un bassin de carpes koï et le murmure du petit ru alimenté par l'eau vive d'une source toute proche.

Reposé, je peux redevenir comptable de mes exploits et je me félicite d'avoir terminé ma cinquième journée, d'avoir parcouru cent kilomètres et grimpé 5800 mètres. Tout en n'oubliant pas que certains coureurs d'ultra-trail font ça en une journée, ce qui relativise ma performance mais n'enlève rien à ma fierté.

La seule défaillance relevée est à affecter à mon bâton de marche, le droit. Il est identique à l'autre, mais c'est celui-ci que je tiens de la main droite depuis le début. Le rythme infernal des montées et des descentes a eu raison de sa résistance. Le manchon en mousse glisse vers le bas du bâton comme le moral descend dans les chaussettes quand tout va mal. Je trouve dans ma trousse à pharmacie de quoi faire un bon strapping au bâton. L'incident est clos. Pour autant, ce « premier bâton », victime d'une grosse défaillance, est illico nommé « second bâton » et passe dans la main gauche. Ce sera là le seul usage que je ferai de mon rouleau d'élastoplast !

Quand la force occupe le chemin,
le faible entre dans la brousse avec son bon droit.
*Proverbe africain*

## *Dimanche 17 juin, de Villars-sur-Var à Rigaud.*

Une belle étape de 21 kilomètres se profile. Je m'étais programmé un départ matinal. Aussi ai-je prévu de prendre mon petit-déjeuner à 7h15 pour partir vers 8 heures. C'était sans compter sur l'effet « matin cool » de Jean-Claude. Musique relaxante et fenêtre grande ouverte sur « sa » montagne, sur la rive opposée du Var, une crête vierge de toute habitation, entre mont Brune et mont Vial.

A discuter à bâtons rompus, le petit-déjeuner s'éternise jusqu'à 8h30 ! Nous avons tant de choses à nous dire. Je prends finalement congé de mon hôte à 8h55 sur une note d'optimisme.

« - Les bonnes sensations du matin donnent du sens à la journée entière » m'a-t-il dit en me serrant la main.

Je pars donc d'un pas décidé pour mille mètres de montée qu'il m'a décrits comme faciles. En entrant dans Villars-sur-Var sous les volées de cloches appelant les fidèles à l'office du dimanche, avec ces nombreux drapeaux multicolores sortis aux fenêtres pour honorer la première victoire de l'équipe de France, j'ai un instant, en guise de délire, le sentiment que c'est moi qui suis ainsi accueilli en héros libérateur. On pense trop en marchant. Je n'avais pourtant pas fait d'excès ni de bière, ni de Limoncello, la veille.

A dix heures, Jean-Claude m'appelle. J'ai oublié ma serviette de toilette chez lui. Pour une casquette, je m'oblige à faire demi-tour, mais pas pour une serviette. Je lui laisse donc en souvenir de mon passage. Peut-être fera-t-elle quelques voyages en Inde ?

La montée sous le soleil est aisée malgré la chaleur.

L'après-midi est moins agréable. Le ciel s'est couvert et un petit orage perturbe ma descente sur Lieuche. Une grange sur mon chemin me permet de laisser passer le gros de l'averse sans me mouiller. Je reprends ma route après avoir protégé mon sac. Pas moi. Je profite ainsi d'une petite pluie rafraîchissante et d'un beau soleil, dans le même temps. La nature est généreuse : pluie et soleil ensemble. Profitons-en !

L'arrivée à Lieuche et la vue exceptionnelle sur Rigaud et la vallée du Cians, baignés d'une lumière ocre-jaune perçant les nuages résiduels de l'orage passé, ponctuent cette nouvelle journée de marche. J'ai retrouvé, pour cette sixième étape, des paysages grandioses et de belles sensations.

Seule ombre au tableau, oubliant que nous étions dimanche, j'ai omis de réserver le dîner à Maryse, mon hôte du soir. A l'heure où je l'ai prévenu en fin de matinée, il était trop tard. Mais elle me promit alors que j'aurai de quoi me restaurer en arrivant.

Je trouve dans mon gite six œufs frais, deux pommes de terre cuites, un bocal de sauce tomate avec lesquels je vais me préparer une bonne omelette. Maryse m'a aussi laissé un pain, un bocal de pâté ainsi qu'un cake aux raisins secs, tout ça fait maison bien entendu. Même dans l'improvisation, tout va bien.

Beau chemin n'est jamais long.
*Proverbe provençal*

## *Lundi 18 juin, de Rigaud à Puget-Théniers.*

Je me réveille tôt ce matin. Trop tôt. La lumière du jour a eu raison de mon sommeil qui, cette nuit, ne fut pas bon. J'allais m'en rendre compte un peu plus tard.

Lorsque je m'en vais prendre mon petit-déjeuner dans la cuisine de mes hôtes, ce n'est pas Maryse qui m'accueille. Institutrice à Villars, elle a pris le chemin de l'école bien avant que je ne sois prêt. C'est André, son conjoint, qui me sert. La journée commence bien, André est une personne sympathique qui a trouvé le bonheur avec Maryse un jour où il était venu lui livrer du foin pour ses chevaux. Je ne saurais dire pourquoi, ce matin-là, il m'a tant confié de sa vie : son enfance dans une ferme isolée dans la montagne, avec la rigueur des hivers, la solitude, son amour pour la nature, son apprentissage dans les métiers du bâtiment. Pendant une heure durant, il m'a dévoilé son histoire. J'apprends aussi comment leur était venue l'idée de construire un gîte, ici, sur ce côteau entre le Cians et Rigaud, près de leur maison, au cœur de leur petite fermette où un jardin, une basse-cour et quelques animaux apportent à leur confort de vie. Je sais maintenant d'où vient tout ce que j'ai mangé hier soir. Bien sûr, je parle aussi de mon aventure, des circonstances de ma vie qui m'ont amené à entreprendre ce projet de traverser la France à pied, de mes attentes et de mes joies. On ne peut établir de climat de confiance si on ne se livre pas soi-même. Les rencontres réussies, même brèves, sont toujours la résultante de sincérité, de réciprocité et d'humilité.

Nous aurions pu encore parler un bon moment, mais il fallait qu'André termine une terrasse autour de sa piscine. Et le béton, ça ne peut pas attendre. A l'inverse, moi, je devais attendre encore un peu afin que ma lessive faite la veille soit sèche. Avant de partir, vers 10h30, André m'a prévenu : la montée vers le Col de Mairola est raide !

C'est vrai. Elle l'est. Heure tardive, mauvaise nuit, sacrée pente sur 750 mètres de dénivelé et pas de bonnes sensations. Je prends peu de plaisir.

J'ai un nouveau « jeu » pour récupérer dans les montées. Lorsque je m'arrête, harassé, essoufflé, je m'appuie sur mes deux bâtons la tête penchée en avant. Je choisis une pierre ou un caillou au sol, à la verticale, et je laisse les gouttes de sueur qui tombent de la visière de ma casquette s'éclater sur la roche. Parfois, les premières gouttes dessinent des figures géométriques en suivant les cristaux de la pierre. Des étoiles d'eau naissent et pénètrent la matière. Je reprends mon souffle, laisse descendre le rythme cardiaque et repose mes mollets durcis. Lorsque la pierre, plus ou moins grosse selon mon état d'essoufflement, est entièrement trempée de toutes les gouttes appliquées avec soin, je relève la tête, m'accorde de regarder le paysage en réconfort, jette un coup d'œil derrière moi pour mesurer le chemin parcouru et toujours un autre devant moi, en haut, en repérant le point de passage supposé. Pour peu qu'il soit visible… et que ce soit le bon.

Et je repars.

« *Perdre du poids en marche, c'est laisser un peu de soi à la route.* » écrit Sylvain Tesson alors qu'il se trouve sur les flancs du Ventoux.

Moi, je signe de ma sueur les pierres de mon chemin. Parafe passager que le soleil et la roche surchauffée effacent sitôt mon départ. Et si, s'évaporant, ma signature, donnait naissance à des nuages, ne serait-ce pas là une autre forme de l'effet papillon ?

Le Col de Mairola franchi, justement, quelques nuages sombres bourgeonnent sur les hauteurs au nord et je crains l'averse. Je m'accorde pour la première fois de prendre un raccourci pour rejoindre Puget-Rostang en suivant le chemin balisé le plus direct. Ce faisant, je ne gagne pas plus de cinq cent mètres.

Assis sur une pierre sous des genêts en fleur, j'avale le sandwich préparé chez André. Je n'y suis vraiment pas. Vraiment plus. Plus bas, à Puget-Rostang, sur un banc public à l'ombre d'un tilleul, je vais m'accorder une sieste-minute. C'est un mauvais jour.

Je dois me rendre au Gralet, un hameau, de l'autre côté de la crête de La Chaise et j'ai encore 300 mètres à monter. Cette dernière ascension par le sentier de découverte Sainte Catherine est agrémentée des panneaux d'interprétation paysagère évoquant les problèmes liés au reboisement et les différentes techniques de retenue des terres pour éviter l'érosion. Les nombreux panneaux décrivant les espèces végétales, disposés le long du sentier, auraient dû me rendre moins ignare ou, tout au moins, éveiller chez moi le désir d'apprendre le nom des arbres et des arbustes que je croise depuis sept jours. Hélas, il me faudra suivre d'autres cours de botanique pour reconnaitre à coup sûr un Douglas d'un pin noir d'Autriche. Les arbres me pardonneront.

Il est parfois frustrant de passer à côté des plantes sans savoir les identifier, sans connaître leurs vertus. Inversement, à d'autres moments, il est bon de ne pas chercher à nommer les choses qui nous entourent. Ainsi, chacune conserve sa part de mystère qui favorise la rêverie, l'évasion et la liberté. Quelquefois, en cheminant, le savoir est une prison et l'ignorance un atout.

La descente vers le gite par les interminables lacets de la piste forestière est longue et ennuyeuse au possible. Ce n'est pas un sentier de randonnée. Juste un raccourci pour arriver plus vite au gite, où il me faudra me contenter ce soir-là de quatre œufs durs, d'un peu de pain et du reste du gâteau de la veille. Optimiste lors de la préparation du programme, j'avais prévu de trouver un restaurant à proximité. En réalité, il n'y a rien à moins de trois kilomètres d'ici et j'en ai fait assez pour aujourd'hui.

Sans personne avec qui discuter, je me couche de bonne heure, après avoir fait la chasse à quelques moustiques que je devine encore plus affamés que moi. Je suis déjà dans l'anxiété du lendemain en regardant ma feuille de route qui m'annonce 1 100 mètres de dénivelé et plus de trente kilomètres pour rejoindre Annot. Ça allait piquer ! Il me faudra partir très tôt pour profiter de la fraîcheur et espérer arriver à une heure décente pour le dîner, qui cette fois, est bien réservé.

> Les pierres font partie du chemin.
> *Proverbe roumain*

## *Mardi 19 juin, de Puget-Théniers à Annot.*

Levé à 7 heures, j'avale un café soluble en guise de petit-déjeuner. Un peu trop léger. Je fais une halte à la supérette de Puget-Théniers, trois kilomètres plus loin, pour y acheter mon pique-nique du jour et quelques viennoiseries, accompagnées d'un jus de fruit que j'avale sitôt sorti du magasin.

J'y achète aussi une serviette de toilette en coton que je m'empresse de couper en deux avant d'en glisser chaque moitié, pliée en quatre, entre ma peau et le maillot, sous les bretelles qui irritent mes épaules. Surtout la droite, où le souvenir d'une fracture de la clavicule survenue lorsque j'avais quinze ans se rappelle à moi. Elle avait été mal soignée et le cal osseux qui, jusqu'alors, ne m'avait posé aucun problème, se retrouvait juste au mauvais endroit sous la bretelle. Le frottement, associé à la transpiration, est devenu insupportable. Avec l'épaisseur apportée par cette serviette, j'ai trouvé de quoi me soulager.

J'avais eu beaucoup de difficultés pour tracer l'itinéraire de cette longue étape. Il n'existe aucun sentier balisé sur les cartes entre Puget-Théniers et Entrevaux. Il me fallait donc trouver un chemin pour remonter le Var sur environ sept kilomètres. La rive droite est à proscrire. La route nationale 202 qui relie Nice à Digne n'est pas faite pour les piétons. Ils y sont en danger permanent. La voie ferrée du train des Pignes n'est pas mieux adaptée. Je m'étais donc tracé une voie par la rive gauche en espérant que les chemins et sentiers repérés sur les cartes soient réellement accessibles. J'espère ainsi pouvoir rallier Entrevaux en deux heures.

Pour la première fois, j'appréhende une étape avant de la commencer. Je ne suis guère tenté par l'aventure d'un itinéraire incertain. Mes appréhensions se confirment lorsque je m'engage sur une propriété privée délimitée par une barrière, certes ouverte, mais sur laquelle est fixée une pancarte précisant la présence d'un chien peu accommodant. J'avance donc à pas prudent, bâton tendu. Prêt à livrer bataille. Fort heureusement aucun cerbère ne vient me mordre les mollets et aucun maître furieux ne sort son calibre 12 chargé de gros sel.

Plus loin, le chemin devient sentier. Il est étroit et peu entretenu. La végétation s'empare d'un passage de moins en moins identifiable jusqu'à ce qu'il soit complètement fermé en raison, vraisemblablement, d'un éboulement. Je dois rebrousser chemin et trouver une autre solution en grimpant dans les fourrés.

Finalement, j'ai déjà une heure de retard sur mes prévisions en arrivant sous la citadelle d'Entrevaux. Le moral en a pris un coup. Je n'ai fait que douze kilomètres et je n'ai plus rien dans les jambes. Je commence à douter de ma capacité à dépasser la semaine. L'abandon me guette. Déboussolé, j'étudie toutes les possibilités pour rejoindre Annot. Par la route, je compte quinze kilomètres avec le risque de ne pas arriver, écrasé par un camion contre une glissière. Par le GR, j'ai peur des dix-neuf kilomètres restants et des 800 mètres de dénivelé.

Quarante-cinq minutes de pause sous un tilleul me font du bien. Je visite, en le traversant, le beau village médiéval d'Entrevaux. Toujours en proie à mes inquiétudes, je ne monte pas à la citadelle et me contente de sa vue depuis la Porte Royale et le pont-levis.

Je m'engage sur le GR qui emprunte la RN 202 sur 1,5 km. Entre rochers et vide, la route a été élargie au maximum pour permettre aux véhicules de rouler de plus en plus aisément. Le piéton, s'il est assez fou pour s'y engager, doit naviguer d'un côté à l'autre, attendre le passage d'un camion, plaqué contre le rocher, puis courir jusqu'au prochain refuge. Il lui faut enjamber une glissière de sécurité - sécurité pour qui ? – en espérant que l'espace laissé derrière la glissière lui permettra de marcher sans tomber dans un ravin. J'ai compris ! Il ne m'en faut pas davantage. A l'embranchement entre la route nationale et le GR, je choisis le GR sans hésiter et m'engage dans la longue montée vers le Col de Saint-Jeannet et la Chapelle Saint Jean du Désert. Quatre heures d'ascension durant lesquelles je retrouve du plaisir et des forces.

Au sommet, lieu sacré, après m'être désaltéré à de nombreuses sources, une borne directionnelle destinée aux randonneurs m'indique « *Annot 2h30* ». Il est 17h20 et je m'empresse de prévenir Sandra, mon hôte, de mon arrivée tardive. Raisonnablement, je lui annonce 20 heures. La descente longeant le ravin de Saint-Jean est un émerveillement. Le cadre est splendide avec ses cascades, ses gorges, et les falaises de grès rose et ocre.

Lors d'un court passage humide, ma chaussure glisse et m'entraine dans une chute à plat ventre dans la boue. Je me relève sans autre dommage corporel qu'une épaule endolorie. Je me lave sommairement au premier ruisseau et continue ma descente. Mon moral, changeant aussi facilement que la météo en montagne, est passé au beau fixe.

Jusqu'à ce que, vers 20 heures, à l'heure où je devais arriver à Annot, je me situe au pont Saint-Joseph sur la Galange. Là, un nouveau panneau indicateur jaune m'indique qu'Annot se situe à 1h30 de marche ! Bien évidemment, un des deux panneaux ment ! Oubliant ma fatigue, j'avale les derniers kilomètres. Je fais fi des 150 mètres de montée et accélère encore alors que la clarté du jour commence à décliner dans les sous-bois.

J'arrive finalement à Annot chez Sandra vers 21 heures et j'en suis fort confus. Sandra est belle et elle m'accueille avec le plus beau des sourires. Elle minimise naturellement l'importance de mon retard et, voyant l'état de mes vêtements, me propose de les laver. Cet accueil réconfortant vient bonifier la satisfaction d'avoir terminé mon étape, finalement pas complètement épuisé. J'ai parcouru 32 km et monté 1200 mètres au huitième jour de marche consécutif. Aujourd'hui, j'ai randonné durant treize heures et l'impression d'avoir fini un marathon. Quelle fierté et quel coup de fouet !

Dans sa maison séculaire du Pré Martin, ma chambre d'hôte, superbement décorée, préparée avec soin, recèle multitude de délicates attentions. Sur le plateau en argent posé sur le lit, une petite bouteille d'eau est accompagnée de deux bonbonnières remplies de sucreries et de guimauves. Il ne manque rien. Je suis reçu comme un prince. Il est déjà bien tard quand mes hôtes partagent leur repas avec une gentillesse, une prévenance et une simplicité sans égal. J'ai faim. Je me régale d'une bonne daube de sanglier et d'un gratin dauphinois que Sandra a cuisinés.

Un petit chevalet, posé sur une commode dans ma chambre, près de la fenêtre, porte cette maxime de Jules Renard : *« Le vrai bonheur serait de se souvenir du présent. »* Mais de quel présent s'agit-il ?

De celui qui exprime le temps de maintenant, entre le passé et le futur ?

De celui qui qualifie une personne qui est là, à cet instant, dans le lieu où l'on parle ?

Ou du cadeau offert et reçu ?

Et pourquoi pas les trois à la fois ? Trois présents réunis. Comme une concordance, une convergence, un amalgame magique entre le temps réel, les personnes et le partage.

Demain matin, je n'aurai qu'un regret. Ce sera celui de n'être plus dans le présent de la veille, d'être déjà demain et de devoir quitter Sandra et Jean-Michel.

*« Ce qui importe dans la marche ce n'est pas son point d'arrivée mais ce qui se joue en elle à tout instant, les sensations, les rencontres, l'intériorité, la disponibilité, le plaisir de flâner..., exister, tout simplement, et le sentir. »* [1]

A Annot, ce soir, j'existe. Et que c'est bon d'exister ainsi !

> Dieu veut que la douleur marche auprès du plaisir.
> *Proverbe latin*

---

[1] David Le Breton, *Marcher Éloge des chemins et de la lenteur,* Métailié, 2012

## *Mercredi 20 juin, d'Annot à La Colle-Saint-Michel.*

Après mon « marathon » de la veille, je m'attendais à rencontrer quelques difficultés aux premiers raidillons, dès la sortie d'Annot. Il n'en est rien. Aucune douleur, aucune fatigue en arpentant l'ancienne voie romaine qui monte vers le col d'Argenton. Oubliés les trente-deux kilomètres et les treize heures de randonnée de la veille. Je suis porté par un moral d'acier auquel la qualité du séjour chez Sandra n'est pas étrangère.

En réalité, il me fallait cette journée pour balayer les doutes sur mes capacités physiques. Je sais maintenant que je peux encaisser de grosses marches. J'ai aussi compris que le mental, le psychique, l'esprit, sont la clé de la réussite. Ce mental est sensible au moral qui, lui, peut fluctuer rapidement en fonction d'éléments extérieurs favorables ou défavorables.

Le soin pris par Sandra hier pour m'accueillir dans d'excellentes conditions était vraisemblablement habituel pour elle. Mais le contexte de relative fragilité dans lequel je me trouvais nécessitait qu'un signe extérieur positif me soit adressé. Sandra, sans le savoir, avec son accueil naturellement chaleureux, m'a sauvé ma journée en la sublimant et m'a permis de trouver un second souffle. Je suis dopé. Je marche donc comblé. Les deux demi-serviettes sous mes bretelles sont définitivement une bonne idée. Les feux sont tous au vert et l'air de *Je chante* de Charles Trenet me trotte dans la tête. Bref, je suis en joie et je vais tout faire pour que cela dure le plus longtemps possible.

Je croise des cueilleurs de champignons qui n'ont pas tous eu la même fortune. On parle de saison pourrie, de pluie quotidienne. Il n'y a pas un après-midi sans orage dans la région en ce mois de juin. C'est bon pour les cèpes et ceux qui les ramassent. Ça l'est moins pour les randonneurs et les agriculteurs. Ce matin, veille d'été, il fait beau. Mais cela ne va pas durer bien longtemps. J'apprécie le sentier ombragé et bien entretenu. Après ma pause bienfaisante au col d'Argenton, je dois hâter le pas dans la descente vers Méailles. Le ciel devient menaçant et si je pouvais arriver au village avant l'orage, j'apprécierais d'y trouver un abri.

Il est presque quinze heures quand, sur le sentier recouvert de feuilles de châtaigniers, je n'ai pas vu le trou dans lequel vient de glisser mon pied gauche. Encore le pied gauche ! La douleur est vive au niveau de la cheville mais je peux tenir debout. Je repars en boitillant. A chaud, la douleur est supportable et elle s'amenuise au fil des kilomètres. On verra ce soir, ou demain, si l'entorse n'est pas trop sévère. En attendant, je redouble d'attention.

L'orage éclate à l'instant même où je passe devant les premières maisons de Méailles. Je regarde le plus gros de l'averse tomber, bien à l'abri dans un garage ouvert. Je ne suis pas le seul. Des milliers de mouches locataires d'une bergerie voisine trouvent aussi l'endroit hospitalier. Nous cohabitons sans problème.

J'ai encore cinq kilomètres à marcher. Il faut descendre dans la vallée de la Vaïre puis engager une nouvelle montée de cinq cent mètres pour arriver à La Colle-Saint-Michel. Ce soir je dormirai en altitude, à 1430 mètres. Après une demi-heure de pluie drue, à la première éclaircie, je reprends la route.

Je me désaltère à la fontaine du village avant d'avoir lu l'écriteau « *Eau non potable* ». Trop tard. Je l'ai trouvée excellente.

L'éclaircie sera de courte durée. La pluie m'accompagnera dans la descente vers la rivière puis dans la longue et pénible montée vers La Colle-Saint-Michel où j'arrive trempé de sueur sous mon poncho vers 19h15. Vite une douche. Le souper est servi à 19h30.

Nous sommes trois pensionnaires. Je partage la table avec deux vététistes en reconnaissance dans cette région du Haut-Verdon. Ils sont ici pour préparer des circuits. Greg, Niçois d'origine, ancien champion de VTT, est le maître d'œuvre de la préparation du grand rallye VTT Trans-Verdon. Alexandra est championne de Belgique de VTT Enduro et future kinésithérapeute. Elle va, dans quelques jours, participer à une compétition internationale en Slovénie. Quelle richesse de pouvoir échanger avec ces jeunes passionnés pendant quelques heures.

La Colle-Saint-Michel, dont je n'avais pas clairement perçu la physionomie la veille, concentré par mon arrivée sous la pluie et fatigué des 1280 mètres de montée, est un petit hameau de montagne bien préservé. Il s'agit d'une ancienne commune qui a fusionné en 1974 avec Thorame-Haute, situé à l'ouest dans la vallée du Verdon, 400 mètres plus bas. Le village qui ne compte qu'une poignée d'habitants dont un seul exploitant agricole, vit principalement de sa station de ski de fond. Le gîte d'étape est l'ancienne école fermée définitivement en 1953.

L'espérance, c'est sortir par un beau soleil et rentrer sous la pluie.
*Jules Renard*

## *Jeudi 21 juin,*
## *de La Colle-St-Michel à Thorame-Basse.*

La journée devrait être tranquille. Avec ses 17 kilomètres et seulement 420 mètres de dénivelé, c'est presque une journée de repos en comparaison des précédentes. Bonne nouvelle. Ma cheville ne me fait pas souffrir. Je ressens toutefois une petite douleur lorsque le pied est posé en déséquilibre sur les cailloux. Cela ne m'empêche pas de continuer mon chemin qui aujourd'hui va suivre le GR de Pays du Tour du Haut Verdon Sud. Je traverse le Verdon, sur le pont Clot, bien en amont de ses gorges renommées et je fais le tour du lac artificiel des Sagnes. Le premier plan d'eau que je vois depuis la mer Méditerranée.

Il fait beau lorsque j'arrive à Thorame-Basse, au terme de ma promenade en compagnie d'un fringant jeune homme de dix ans mon ainé, qui fait du vélo tous les matins et de la marche tous les après-midis. J'en profite pour laver mon linge qui, cette fois, sera rincé deux fois. Une première fois dans le cycle normal de la machine qui, en panne, n'essore plus, une seconde fois juste après l'avoir étendu dehors lorsqu'un orage éclate au-dessus du village.

Aujourd'hui c'est l'été ! Enfin, en théorie. La fenaison accuse un gros retard et la situation est inquiétante. Ici, dans cette commune qui compte 220 habitants, on vit de l'activité pastorale et du tourisme. La famille qui m'héberge ce soir a bien compris la nécessité de diversifier ses activités dans ces deux secteurs. Elle propose des gites et chambres d'hôtes, gère le camping local et possède un élevage de moutons.

Le gite que j'occupe est au-dessus de la brasserie bio qui produit la bière locale. Je ne manque pas de m'en désaltérer, à température ambiante, sur les conseils du brasseur, pour bien en révéler toutes les nuances. Bon. Honnêtement, je la préfère fraîche.

Lorsque je prends mon repas préparé et servi par Geneviève, nous discutons beaucoup. Elle me parle de son travail et de sa passion pour faire vivre sa commune, de son engagement associatif, de la réussite toute relative de sa famille et des jalousies qu'elle suscite. Elles se confie sur les situations ou les événements de son village qui lui plaisent bien et d'autres qui lui conviennent moins. J'en conclus que c'est un peu Clochemerle à Thorame-Basse, comme dans de nombreuses petites communes où tout le monde se connait. On discute de la difficulté d'être éleveur en montagne, du loup qu'elle a déjà vu, furtivement mais nettement, tout près des maisons, et de son ressenti à ce moment précis.

Je parle de mon périple. C'est mon dixième jour de marche. Un cinquième de mon chemin est bouclé et j'aime l'idée de me projeter dans les quarante jours restants avec la même intensité, les mêmes découvertes sans cesse renouvelées. Imaginez cinquante jours de votre vie où vous ne passeriez jamais deux fois dans un même lieu. Où, le matin, vous ne sauriez comment sera la chambre où vous dormirez le soir. Avec qui vous dinerez ou pas. C'est ça, ma vie sur ma diagonale. L'évasion est entière.

Et ce soir, je salue la seconde victoire de l'équipe de France !

Refuser la rencontre avec autrui, c'est s'appauvrir.<br>*Léonor de Recondo*

## *Vendredi 22 juin, de Thorame-Basse à Tartonne.*

Mon linge est bien rincé. Et même complètement trempé. J'ai attendu que le soleil darde quelques rayons avant de partir, mais cela n'a pas suffi. Il faut donc que je l'emmène en l'état dans des poches plastiques pour le faire sécher dans la montagne à la pause méridienne. Cette anecdote a de quoi faire sourire. Elle ajoute du piquant à ce qui devait être une petite promenade d'à peine quinze kilomètres, entre Thorame-Basse et Tartonne. Mon sac à dos, lui, n'apprécie qu'à moitié cette plaisanterie. Il commence à flancher. Je quitte Thorame-Basse après avoir empli mes gourdes à la fontaine. J'ai l'impression de mieux m'imprégner des pays traversés en buvant l'eau des sources. En réalité, l'eau du robinet, c'est la même !

J'emprunte le chemin de Croix qui monte vers la tour ruinée de Piégut en direction de Château-Garnier. Y sont concentrés de nombreux oratoires comme j'en ai rencontré chaque jour sur les sentiers. A l'origine, l'oratoire permettait aux paysans de se recueillir auprès d'un saint sans être obligés de se rendre à l'église. Mais c'était aussi un lieu d'offrande avec l'espoir d'obtenir en retour la protection du saint pour soi, sa famille ou la récolte. De nombreux oratoires sont encore fleuris. Dans d'autres y sont déposés des images pieuses ou des chapelets, avec bien souvent une grille et un cadenas pour les protéger des voleurs.

Les croix, symboles religieux catholiques par excellence, sont innombrables. Depuis le Moyen-Âge, elles sont érigées dans les bourgs et les hameaux pour marquer la foi des croyants.

Elles sont aussi très présentes aux carrefours ou sur le chemin pour guider et protéger les voyageurs. Elles sont parfois lieu de pèlerinages ou de processions. Certaines croix marquent un lieu de mémoire là où s'est produit une mort brutale ou au contraire un « petit miracle » ou un heureux dénouement à une affaire mal engagée. Elles sont en bois, en fer forgé ou en pierre. Ces dernières sont souvent plusieurs fois centenaires.

De Menton à Montmorillon, je foulerai le sol de 161 communes dont trente comporteront le mot « Saint » ou « Sainte » dans leur appellation. Je vais croiser des centaines de ces monuments religieux qui font la richesse de notre patrimoine et le ciment de notre culture. Pour le chemineau, qu'il croie en un dieu ou un autre, ces édifices rappellent le lien fort qui unit la spiritualité, cheminement intérieur, à la marche, cheminement du corps. Chacun est libre de vivre sa foi mais personne ne peut rester insensible à la richesse de cet héritage impressionnant.

À le visionner avec *Google Earth*, j'imaginais Tartonne sur un plateau sec, le sentier, dans sa dernière partie, est plutôt marécageux. La météo de cette année est, parait-il, exceptionnelle. Enfin, exceptionnellement mauvaise. Tellement mauvaise d'ailleurs, que pendant qu'il pleuvait de l'eau à Thorame-Basse hier, il pleuvait des cailloux ici, juste avant la grêle. Oui, oui, des cailloux ! De petits bouts de grès blanc que me montrent Josiane et Jean-Louis. Ce sont eux qui m'accueillent à Plan-de-Chaude, car Tartonne est une commune qui n'a pas d'agglomération portant son nom. Ce n'est pas très fréquent. Elle est composée de plusieurs hameaux éloignés les uns des autres. Plan-de-Chaude est le plus important. Jean-Louis me fait visiter le village avant de diner. Le tour en est vite fait. La fontaine, dont l'eau est parait-il à l'exacte température idéale pour l'apéritif, et la place sur laquelle la fête du dernier week-end d'août dure trois jours, constituent le cœur de ce petit hameau de 120 habitants. Nous rencontrons Pierrot, le berger, dont je n'arrive pas à comprendre la moitié des paroles qu'il prononce. Un sacré personnage, icône du terroir, usé par une vie rude et… quelques nombreux excès. Je crois comprendre dans ses propos que, son troupeau étant parti en estive, il se retrouve temporairement au repos, ou au chômage.

« - Ce n'est pas grave si vous ne comprenez pas ce qu'il dit. Normalement, il répète trois ou quatre fois la même chose. A force, on finit par capter. » m'expliquera Jean-Louis, un brin moqueur.

Le repas à la table de mes hôtes sera l'occasion de longues discussions passionnantes sur la vie au village, leur vie d'avant et la mienne, tandis que mon linge, lavé la veille à quinze kilomètres d'ici, finissait de sécher, étendu au grand air sur la terrasse.

Jo et Jean-Louis, comme de très nombreuses personnes que je rencontre en chambres d'hôtes, ne sont pas natifs de la commune. Ils font partie de ceux qui ont « fui » la côte pour chercher un peu de calme dans les petits villages de l'arrière-pays. Là où il est possible de se reposer en toute quiétude et profiter de la nature.

Le soleil ne se lève que pour celui qui va à sa rencontre.
*Henri Le Saux*

## *Samedi 23 Juin, de Tartonne à Digne-les Bains.*

Je serre la main à Jean-Louis et je fais la bise à Jo qui m'ont si chaleureusement accueilli chez eux. Et je file vers Digne-les-Bains. Au pied de la Barre des Dourbes que je vais franchir au Pas de Labaud à 1622 mètres, je me délecte de quelques fraises des bois. « *Comme la fraise a le goût de fraise, ainsi la vie a le goût de bonheur.* » écrivait Alain dans *Propos d'un Normand*.

Les deux heures de montée qui suivent me permettent de constater que le rosé de Bandol que Jean-Louis m'a servi bien frais la veille au cours du repas ne gêne en rien ma progression à un rythme soutenu. De là à considérer qu'il s'agit d'un bon carburant, il y a un pas que je n'oserai pas franchir. Je l'avais de toute façon consommé avec modération, comme il se doit.

Depuis mon départ, comme je l'avais prévu, d'abord timidement, un rien emprunté, puis plus facilement, au fur et à mesure que je prends confiance en moi, je publie chaque jour sur *Facebook* le compte-rendu de ma journée et les quelques photos que je prends en chemin. Chaque jour, je reçois en retour des messages d'encouragement ou des félicitations d'amis, mais aussi de plus en plus de personnes que je ne connaissais pas avant de partir. J'ai, parait-il, de nombreux « followers ». Je n'en sais pas le nombre, mais j'apprécie les petits signes d'amitié que je prends soin de lire chaque jour, à défaut de pouvoir y répondre. Au fil des étapes, je me suis pris au jeu de partager mes anecdotes et mes émotions. Et mes lecteurs se sont pris au jeu de la lecture quotidienne.

Tant et si bien que l'écriture et la publication journalières se sont rapidement imposées comme une agréable obligation.

Certains de mes « lecteurs », les attendent comme le feuilleton de l'été. Un voyage par procuration en quelque sorte.

Parmi ceux-là, il y en a un qui me salue chaque matin en me souhaitant une bonne journée. Bruno m'encourage à marcher avec une sincérité que je sais vraie. Lui, ne le peut plus depuis un accident qui l'a vu tomber d'une toiture. Je pense à cette cruauté de la vie et du hasard, moi, qui dois à Sylvain Tesson de m'être engagé dans cette aventure, parce que lui-même, pris de boisson, s'était « cassé la gueule d'un toit en faisant le pitre », comme il le dit lui-même dans son livre. Mais Bruno, c'est en gagnant sa vie qu'il est tombé. « Gagner sa vie ! » : quelle drôle d'expression !

L'un put remarcher, tant mieux pour lui. L'autre pas, hélas.

Et moi qui n'arrête pas de dire, parfois en toute fausse modestie, que n'importe qui avec du temps, de l'argent, de la volonté et un peu d'entrainement peut faire la même chose que moi. N'importe qui... ou presque ! C'est pour ça que j'ai voulu ce matin dédier cette marche vers Digne à Bruno et à tous ceux qui ne peuvent plus se servir de leurs jambes. Je ne sais pas si cela leur fait plaisir. Je ne sais pas si mon mal aux mollets et la sueur de mon front amoindrissent leurs souffrances et changent leur vie, ne serait-ce qu'un instant, mais je marche pour eux vers Digne.

Passé la Barre des Dourbes, j'ai la surprise de recevoir un message de Brigitte, une connaissance montmorillonnaise. Elle avait eu vent de mon histoire et avait compris que mon chemin passait près de chez eux. Brigitte et Philippe ont quitté Montmorillon il y a quelques années pour venir s'installer ici. Elle est infirmière et lui, professeur dans un lycée agricole, est depuis peu en retraite. La nature, il la connait bien. C'est un fou de randonnée. C'est pour mieux en profiter qu'ils sont venus vivre dans cette belle Provence au relief tourmenté et au climat accueillant. Il consacre une bonne partie de son temps libre à marcher sur toutes les crêtes environnantes, à rencontrer des bergers et à s'intéresser à la flore et à la faune des montagnes.

J'appelle Brigitte. Elle se propose de m'héberger cette nuit. Ce que je dois décliner car j'ai réservé un hôtel à Digne où mon neveu, Mickaël, doit venir me rejoindre pour faire deux étapes avec moi.

Passé Les Dourbes, dans un paysage lunaire de robines, j'oublie de tourner à gauche au niveau de la crête des Festons. Sur les pentes ravinées, le sentier, peu emprunté, se confond avec le sol de marnes noires. Un court instant d'inattention et une balise non vue vont m'obliger à faire quelques kilomètres supplémentaires. Je vais devoir passer à gué un torrent puis emprunter la route qui descend vers Digne les Bains. Cet égarement passager, le seul de mon voyage, sera vite oublié.

Après avoir pris possession de ma chambre d'hôtel, je retrouve mes amis et mon neveu à la terrasse d'un bar de Digne avant d'aller diner dans le centre historique de Digne. Encore une fois, cette soirée improvisée, passée trop vite, est venue donner à mon chemin un caractère unique et inattendu. J'aurais bien aimé rester un peu plus longtemps pour apprendre de Philippe, de sa passion pour la nature, de sa connaissance de la montagne et de son expérience de marcheur affûté. Il ferait un excellent professeur de randonnée pour moi. Nous nous promettons de nous revoir en août à Montmorillon pour poursuivre nos discussions.

*« Une marche au long cours, ou même de quelques jours, commence bien avant le premier pas. Elle se trame dans le rêve, l'imagination du parcours. Le choix d'une période, d'un lieu, de l'équipement, des livres et des ustensiles à emmener. Au départ d'une marche on emmène souvent trop dans son sac, et il faut peu à peu se défaire du superflu qui pèse sur les épaules après des heures d'efforts. Alléger son sac est une forme d'allègement de l'esprit. »* [1]

C'est ici que j'ai décidé de m'alléger de quelques vêtements de pluie, de livres que je n'aurai pas le temps de lire et du drone que je n'ai jamais sorti de sa boite. Je les confie à Muriel, la compagne de Mickaël.

Et il faudra que je pense à changer de sac à dos. Il se déchire au niveau de l'attache d'une bretelle et le porter devient épuisant tant il est déséquilibré.

Pour voyager heureux, voyagez léger.<br>*Antoine de Saint-Exupéry*

---

[1] David Le Breton, *Marcher Eloge des chemins et de la lenteur*, Métailié, 2012

## *Dimanche 24 juin, de Digne-les-Bains à Thoard.*

Nous quittons Digne rapidement en ce dimanche matin, Mickaël et moi. Le gérant de l'hôtel dans lequel nous sommes descendus, est un Marseillais inconditionnel des héros de Pagnol. Il pousse le mimétisme jusqu'à user du tutoiement avec une certaine forme de franchouillardise, comme César avec Panisse, Oh bonne mère ! Mais je m'égare. L'hôtel est à deux pas du sentier. Il suffit de traverser la Bléone pour gagner les hauteurs par le GRP de la Grande Traversée des Préalpes qui offre une vue sympathique sur la vieille ville.

Cette treizième étape, pas très longue, nous amène à Thoard par le col de la Croix. Préoccupés par des prévisions météorologiques nous annonçant des orages en début d'après-midi, nous ne nous attardons pas. Nous observons, dans le bois du Siron, des cytises dont les fleurs jaunes en grappes rappellent la glycine et qu'il vaut mieux ne dévorer que des yeux. Cette belle fleur est en effet particulièrement toxique. C'est aussi au cours de cette étape, que je vais croiser le premier champ de lavande sur mon chemin. La floraison semble bien avoir du retard.

Nous traversons Thoard sans musarder, l'œil rivé sur les cumulonimbus noirs qui enflent et se rapprochent. Nous nous dirigeons prestement vers le camping du Moulin sur les rives du torrent des Duyes où nous arrivons juste à temps pour éviter un gros orage. La pluie drue et l'altitude nous poussent à sortir les vestes polaires pour la soirée.

Nous ne dinons pas en terrasse. L'entrecôte est plus appréciée à l'abri entre quatre murs. Et nous refaisons le monde, en mode veillées d'autrefois, avec un couple de vacanciers de Briançon et Marie et Fabrice, le sympathique couple qui, après avoir parcouru toute l'Europe à moto et en side-car, est venu prendre en gérance le camping à l'ambiance familiale où nous sommes ce soir.

Pour la énième fois, nous parlons de loups, de patous, de moutons, de bergers, de chasseurs et de sangliers. Des préoccupations autant rurales que locales sur lesquelles, finalement, tout le monde peut avoir un avis et l'exprimer. Ce soir-là, les loups marquent un point et les patous, zéro. La faute à quelques chiens mal dressés que des bergers laissent divaguer. Près du camping, on a peur des chiens, pas des loups. C'est l'envers de la légendaire histoire du loup féroce dans nos campagnes.

> Le chemin le plus long est celui où l'on marche seul.
> *Proverbe chinois*

## *Lundi 25 juin, de Thoard à Sisteron.*

Le petit matin est bien frais au bord de l'eau dans le camping de Thoard. Notre hutte, dans laquelle nous craignions de suffoquer la veille à quinze heures, invite à rester sous la couette. Un beau trajet de 23,5 kilomètres nous attend pourtant. Pour éviter de faire des détours par des sentiers balisés qui l'auraient rallongé de manière conséquente, j'avais décidé d'emprunter des petites routes et des chemins non balisés. Les chemins noirs. L'entreprise peut parfois être risquée. Aussi, j'avais pris le soin de vérifier l'existence des sentiers et chemins sur les photos « satellite ». Par chance, aucune voie n'est interdite. Pour autant, la praticabilité de certains passages s'avère délicate. La longue montée vers le sommet de Vaumuse annonce déjà une récompense sur la crête. Bingo ! A 1400 mètres, le panorama est grandiose. J'y discerne au moins mes quatre prochaines étapes, jusqu'au pied du Ventoux et, juste à nos pieds, Sisteron, notre destination, qui nous parait quand même très éloignée.

En chemin, la descente la plus technique passée sans encombre, nous faisons halte au bord d'un petit torrent. Le sandwich rosette-beurre-cornichons qu'on nous avait préparé au camping coule avec autant d'aisance que l'eau du torrent dans laquelle nous trempons nos pieds. Nos pieds méritent bien une attention particulière. Parlons-en. D'un point de vue technique, nous disposons au bout de nos membres inférieurs d'une belle mécanique qui ne compte pas moins de vingt-six os, trente-trois articulations et une centaine de muscles, ligaments et tendons.

On sait l'usage qu'on en fait et quelle est leur capacité à s'adapter au terrain, à le lire, à le comprendre, et à transmettre au cerveau et à tout le corps les informations nécessaires pour éprouver des sensations, rester debout et surtout marcher. D'un point de vue affectif, pour ce qui me concerne, je leur voue à cet instant du parcours une adoration toute particulière. Après deux semaines de torture dans mes chaussures, je n'ai pas recensé la moindre ampoule. La légère entorse contractée le 20 juin, vite oubliée, démontre leur capacité d'auto-réparation. Ils font chaque jour un travail remarquable et sont au rendez-vous de l'exigence. J'ai bien raison d'être fier d'eux.

Et j'en prends soin autant que possible en leur offrant, en même temps qu'à mes triceps, une bonne douche froide avant de dormir. De toute évidence, les semelles correctrices sont bien adaptées tant à mes chaussures qu'à ma voûte plantaire. Il faudra que je pense à féliciter mon podologue à mon retour. Quant à mon sac à dos, il vit ses dernières heures. C'est inéluctable.

Lorsque nous engageons notre descente vers la Durance, je devine comme un soulagement chez Mickaël. Il a bien assuré sur ces deux étapes totalisant 41 kilomètres sans préparation préalable. Son escapade étant terminée, il va reprendre ce soir le train pour rentrer chez lui à Jouques. Il dormira bien cette nuit.

A Sisteron, mon hôte Vincent, est débordé par ses nombreuses activités. Il est président du moto-club de Sisteron et sapeur-pompier. Ne pouvant pas se libérer le soir de ma venue, il me laisse les clés de son appartement non sans m'indiquer où étaient les bières en bas du frigo. Il me laisse aussi sa voiture. Avec elle, je vais pouvoir aller faire l'achat d'un nouveau sac à dos de meilleure qualité dans un magasin de sport d'une zone commerciale située à dix kilomètres au nord de Sisteron. Il me faut en trouver un ici, car je ne croiserai, sur mon chemin, aucune autre boutique d'articles de sport avant très longtemps.

Me voici arrivé au terme de la deuxième semaine de marche. Le passage de la Durance est une double frontière temporelle et spatiale. J'ai retrouvé le vacarme (tout relatif) de l'autoroute A51 et je me remémore le passage sous l'A8 aux premières côtes de Menton le 12 juin. Ça ne me manquait pas. La Durance, quant à elle, s'ajoute à la liste des cours d'eau nord-sud. Le prochain dans cette configuration ne sera rien d'autre que le Rhône. Mais c'est une autre histoire.

Pour l'heure, je vais devoir répondre aux très nombreux messages sympathiques que j'ai reçus me souhaitant un joyeux anniversaire. J'ai soixante ans aujourd'hui et je les fête tout seul à Sisteron. Tout seul, mais heureux comme jamais.

La Provence dissimule ses mystères derrière leur évidence.
*Jean Giono*

## *Mardi 26 juin, de Sisteron à Noyers-sur-Jabron.*

J'ai un nouveau compagnon ce matin. Un sac à dos tout neuf qui s'appelle « Grégory » et qui me semble beaucoup plus adapté à la pratique de la randonnée sérieuse. Certes, il vaut trois fois le prix du précédent qui n'aura donc tenu que 700 kilomètres. Si l'impression à le porter est bonne, je sens qu'il va me falloir un peu de temps pour le régler. Ses larges bretelles rembourrées sont beaucoup plus confortables. Je conserve toutefois mes deux demi-serviettes pliées en quatre.

Je quitte Sisteron par le sentier de découverte botanique qui monte au refuge du Molard. Après celui de Puget-Rostang, avec un peu de lecture, je vais bien finir par reconnaître les arbres. De loin en loin, entre les cimes, la vue sur la ville et la Citadelle de Vauban prend des allures de carte postale. Cette première partie de mon étape du jour est bien ombragée. Elle emprunte la forêt du Molard, qui à l'origine, était peuplée de chênes rouvres avant qu'elle ne fût livrée à un pâturage excessif à la fin du XVIII$^{ème}$ siècle. La conséquence fût la disparition de tous les arbres en moins de quarante ans. Le versant fût alors soumis à l'action des eaux et rapidement, il n'y eu même plus de pâture. De nombreux et profonds ravins se formèrent et, à chaque orage important, la ville de Sisteron était inondée. Le premier reboisement eu lieu après 1840 avec des essences locales plus ou moins résistantes. Plus tard sera introduit le pin laricio noir d'Autriche, mieux adapté à des sols arides.

Le glas sonne en contrebas. Il accompagne un défunt jusqu'à sa dernière demeure. Je compte un tintement de cloche tous les huit pas. Je marche doucement dans cette montée. Nous sommes donc deux à quitter lentement

Sisteron ce matin. Je préfère de loin ma manière. Je la trouve plus… vivante.

J'ai hâte d'entrer dans la vallée du Jabron que j'ai maintes fois observée depuis la Montagne de Lure lors de vacances passées à Banon en juillet 2004. Je l'avais escaladée plusieurs fois, en divers endroits de l'adret, et chaque fois, arrivé sur la crête, cette vallée s'offrait à ma vue mais restait une terre non foulée que j'avais envie de parcourir. Cette fois, j'allais pouvoir scruter Lure d'en bas et espérer qu'elle m'accompagne plusieurs jours.

Depuis Thoard, mais encore plus maintenant, j'ai retrouvé la Provence que je connais. Celle qui se caractérise par un relief moins montagnard quoique toujours accidenté, des sols plus secs, une végétation plus basse et les cigales, réveillées par un soleil radieux et des températures enfin estivales. La randonnée n'en est que plus dure, mais j'aime cette chaleur du sud de la France qu'un léger souffle d'air sec vient toujours tempérer.

Je traverse les ruines du Vieux-Noyers, y pénétrant même pour mieux sentir les lieux, bravant l'interdiction affichée. Je me souviens alors que c'est ici que le film *Un Hussard sur le Toit,* de Jean-Paul Rappeneau, d'après l'œuvre de Jean Giono, a été en partie tourné en 1996. Dans son roman, Giono, fait mourir les Manosquins du choléra avec une morbide délectation et une grande exagération. Pendant la guerre, on lui avait reproché ses prises de position trop pacifistes et son manque d'engagement patriotique. Certains iront même jusqu'à l'accuser de collaborer avec l'ennemi. Pour cela, il avait été mis à l'écart, boudé, plusieurs années après la libération. La narration des corbeaux arrachant les yeux des agonisants qui crachaient leur sang, sentaient bon la vengeance par la plume interposée.

La vallée du Jabron a maintes fois été choisie comme décor naturel de films. Les grandes étendues sauvages de la Montagne de Lure s'y prêtent à merveille. Pour prolonger mon périple, il faudra que je m'accorde le temps de voir ou de revoir quelques-uns de ces films pour y retrouver des éléments du paysage : *La chèvre d'or* de René Barbéris en 1942, d'après un roman de Paul Arène, *Les fruits sauvages* de Hervé Bromberger en 1954, d'après le roman de Michel Durafour *Notre rêve qui êtes aux cieux*, *Crésus*, bien sûr, de Jean Giono en 1960, j'en reparlerai, *Le chant du monde* de Marcel Camus en 1965 avec Charles Vanel et Catherine Deneuve, d'après Jean Giono, *Jean des Figues* d'André Roman en 1996 d'après Paul Arène, *Les âmes fortes* de Raoul Ruiz en 2000 d'après le roman de Giono, *Malaterra* de Philippe Carrèse en 2003 pour FR3, *Les courriers de la mort* de Philomène Esposito en 2006 d'après Pierre Magnan et *La terre de la folie* de Luc Moullet en 2010.

Et puis, *Les Misérables* en 1934 avec Harry Baur, *L'eau vive* en 1958 avec Pascale Audret, *L'Affaire Dominici* en 1973 avec Jean Gabin, *Jean de Florette* en 1986 avec Auteuil, Depardieu et Montand, *La maison assassinée* en 1988 avec Patrick Bruel, *Après la guerre* en 1989 avec Richard Bohringer. Et bien d'autres encore. La liste est longue.[1]

De cet immense plateau de cinéma, je descends par la piste vers Noyers-sur-Jabron où je vais enfin goûter au

---

[1] Source : n° 78 (janvier 2011) du journal *Vivre au Jabron* rédigé par des bénévoles des communes de la Communauté de Communes de la Vallée du Jabron.

plaisir d'une baignade en piscine. Il paraît que les bains froids sont bons pour les muscles après l'effort.

Evelyne, mon hôte, n'est pas nucetoise (c'est ainsi que l'on nomme les habitantes de Noyers). C'est une parisienne venue vivre en Provence. Dans sa demeure, elle tient un petit snack pour les touristes de passage sur l'unique route de la vallée très prisée des motards. Ce soir, je fais le touriste en profitant de sa piscine sans rien faire d'autre que de prendre du bon temps.

Et pendant ce temps, j'en connais qui s'ennuient à regarder France-Danemark à la télévision.

> Un homme ne va jamais plus loin que lorsqu'il ignore où il va.
> *Jean Giono*

## *Mercredi 27 juin, de Noyers-sur-Jabron à Montfroc.*

A Noyers-sur-Jabron, je prends congés d'Evelyne, mon hôte avec laquelle j'ai sympathisé à grands renforts de tutoiements réciproques et dont j'ai apprécié l'accueil, une chambre spacieuse et la piscine. Son petit snack, tout simple mais rudement pratique, m'a permis de passer une soirée sereine et reposante. C'était inédit et parfait. Il faut avouer que si le cadre est magnifiquement authentique dans la vallée du Jabron, il n'y a guère de commerces à disposition des voyageurs sans auto.

Sitôt passé le Jabron, je gagne un sentier que je devine ombragé. Il est à peine neuf heures mais il fait déjà chaud. Mon cerveau bien reposé prend un malin plaisir à bien repérer les moindres douleurs que je ressens au démarrage, comme chaque jour. Tiens, ce matin, c'est mon tendon d'Achille gauche. Demain ce sera peut-être un genou, si ce n'est pas l'épaule gauche qui se souvient de ma chute à l'approche d'Annot. Ces petites douleurs ne durent pas très longtemps. A chaud, elles s'estompent.

Au château de la Périvoye, je suis accueilli par un border colley, bien décidé à me démontrer qui garde la ferme. Le berger, qui me parait bien plus âgé que moi, le corps amaigri et courbé, sort de sa maison et rappelle le fauve.
« - Il aboie fort mais il n'est pas méchant. Il fait son travail. »
Et la conversation s'engage par une introduction universelle.
- On va avoir une belle journée, dis-je en faisant preuve d'une très grande originalité.
- Tant mieux, j'ai du foin sur le pré.
- Et vous n'êtes pas en avance ? Osé-je, sûr de moi, expériences montagnardes en Haute-Provence à l'appui.

- Cinq semaines de retard cette année. C'est difficile.
- C'est partout pareil dans le pays. Je viens de Menton et tout le monde m'a dit la même chose, ajouté-je, un peu prétentieux.
- Ah bon ! De Menton ? A pied ? Et vous allez où ?
- Dans le Poitou, à Montmorillon.
- Je connais. Je suis du Poitou. Mes parents avaient une ferme entre Lusignan et Melle. Mon frère a été au Séminaire à Montmorillon. J'aimais bien là-bas avant qu'ils ne détruisent le bocage. Je suis mieux ici. »
Le Séminaire de Montmorillon a été fermé en 1968. J'avais ainsi un indice pour deviner l'âge de son frère, s'il vivait encore.
Et il poursuit :
- Je ne suis pas propriétaire. Je travaille pour monsieur le Comte.
En me montrant du doigt la belle bastide du XVII$^{ème}$ aux volets clos et le parc aux platanes centenaires, aux séquoias géants et aux cèdres majestueux, devant lesquels je venais de passer sans être insensible à la beauté du site. On se serait cru dans un Giono.
- Monsieur le Comte ne vient pas souvent. Une fois tous les deux mois et un peu plus en été, pour expédier les affaires courantes.
Revenant à mon cas personnel :
- Alors vous suivez le chemin des loups ?
Cela faisait au moins trois jours que je n'avais pas entendu parler des loups. Ça me manquait.
- Vous en avez ici ?
- Oui. Je ne les ai jamais vus. Mais je préfère mettre les vaches et les chevaux dans les prairies du haut et je garde mes chèvres près de moi à la ferme. C'est plus sûr.
- Vous faites des fromages ?

- Ils ne sont pas très bons en ce moment. Avec ce temps orageux, le lait tourne vite. »

La conversation se poursuit quelques minutes. Cette rencontre imprévue m'a mis dans de bonnes conditions. Que voulez-vous, de toutes époques et en tous lieux, quand un « pays » rencontre un « pays », ça facilite les échanges et ça met du baume au cœur. Elle m'a toutefois laissé quelques regrets. Ceux de ne pas lui avoir demandé son nom et de ne pas lui avoir acheté un fromage pour le déguster dans la colline. Mon berger restera anonyme et je ne saurai pas le goût de ses produits.

Un peu plus loin, je croise une jeune bergère qui met au pacage son troupeau de chèvres. Un tout petit enclos ceint de grillage à moutons de couleur vive. Elle se révélera moins causante que notre Poitevin devenu Provençal, même en lui adressant un compliment sur son beau troupeau.

La pause fraîcheur dans le petit hameau de Lange, près de la fontaine, est bienvenue. Je me pose à l'ombre sous un réduit. Il y a là un banc fait d'une planche posée sur deux rondins de bois et une table basse bricolée avec une bobine industrielle en bois. Des étagères proposent des livres et des vidéos en libre-service. Une feuille manuscrite sous plastique explique la règle du jeu : « *Choisissez-moi, lisez-moi, ramenez-moi !* ». Partage de la culture et culture du partage.

Par manque de temps, je me contenterai de prendre en ce lieu, un peu de nourriture terrestre. En l'occurrence, le sandwich préparé par Evelyne. Il va me donner des forces pour finir cette étape de 23 kilomètres.

Montfroc, est une commune de 75 habitants de la Drôme Provençale. Elle constitue une enclave dans le département des Alpes de Haute-Provence et a pour particularité qu'on ne peut pas y accéder par la route depuis son département d'appartenance. Lorsque j'y arrive, il reste quelques centaines de mètres pour rejoindre le hameau des Anières ou m'attend Corinne, près du lavoir.

Elle a fait les choses en grand pour m'accueillir, Corinne. S'il n'était prévu dans la location que le gîte pour la nuit, elle avait compris que la lenteur de mon cheminement et le fardeau que je portais ne facilitaient guère l'achat et le transport de victuailles depuis Sisteron. La prestation s'est transformée en chambre d'hôte, table d'hôte très copieuse, petit-déjeuner non moins copieux et sandwichs pour la route. La totale !

La soirée en tête en tête autour d'une table dressée sur sa terrasse est, une nouvelle fois, d'une grande richesse. J'apprends que dans cette Haute-Provence où les étés sont secs, le sujet de l'eau, sa quête, sa possession et les querelles et jalousies qu'elles génèrent, sont toujours d'actualité. Jean de Florette et Manon des Sources existent encore. Ici dans le village le monument le plus important aux yeux des habitants semble bien être la fontaine. Le lavoir est lieu de rendez-vous, d'échanges et de repos. Entendre l'eau qui y coule, c'est entendre la musique de la vie.

Corinne me conte les petites histoires de cette eau, gratuite pour les habitants du village, mais qui devient l'objet d'une cellule de crise communale lorsqu'une ferme en amont s'octroie le droit, un jour, de détourner la source pour son propre usage. La fontaine du village ne coulait plus. Tous les habitants étaient alors en émoi devant une situation aussi dramatique. Jean Giono a affirmé avoir inventé ses personnages et les histoires de tous ses romans. Pour les écrire, il avait juste à observer et à puiser dans la vie quotidienne de sa belle Provence, en y apportant le romanesque, la dimension affective, la force du clan familial. Amour, famille, honneur, vengeance. La nature, la terre, le soleil et l'eau.

Avant de nous dire au revoir, Corinne m'a préparé deux sandwichs pour la route et donné de quoi faire un petit-déjeuner copieux. J'avais en effet prévu un réveil très matinal et un départ à six heures. 35 kilomètres et un dénivelé de plus de 1200 mètres seront au programme. J'avais en mémoire l'étape d'Annot et mon arrivée chez Sandra à 21 heures. Demain sera la plus longue de mon périple. Mais j'ai en moi la certitude que je parviendrai à la faire sans problème. Les conditions ne sont plus les mêmes. Physiquement, je suis mieux et le moral est inébranlable.

Avant que le soleil ne se lève, j'irai faire mes réserves d'eau à la fontaine du lavoir. J'en emporterai quatre litres.

L'eau de source la plus claire fait aussi de la boue.
*Proverbe chinois*

## *Jeudi 28 juin, de Montfroc à Rilhanette.*

Le réveil sonne à cinq heures. A 6h15 je quitte les Anières pour un pèlerinage tout personnel. Celui qui va m'emmener au Pas de Redortiers. Là où j'avais terminé mon séjour à Banon en 2004 en montant par Le Contadour et la Tinette, tout près des Fraches. C'est ici que Giono avait filmé Crésus en extérieur, dont le fameux banquet, scène de légende.

Arrivé au Pas de Redortiers, à 1214 mètres d'altitude, je me désaltère à l'ombre d'un hêtre rabougri. J'écris quelques mots alors que le corps et l'esprit sont encore frais, les émotions plus vives, les mots plus faciles et la plume plus agile. Je n'ai fait qu'une petite dizaine de kilomètres. Mais j'ai assuré sans difficulté la plus grande part du dénivelé du jour. Je vais maintenant suivre la crête pour profiter de chaque instant qu'il m'est donné de vivre ici. Au détour d'un virage, le Mont Ventoux se dessine à l'horizon. La montagne a ceci de magique, pour peu que vous gagniez les sommets, de vous révéler par intermittence les indices de vos prochaines étapes. Elle vous offre aussi un retour sur les jours précédents en découpant à l'horizon, derrière vous, les cols déjà franchis d'un trait noir, puis de plus en plus gris clair, jusqu'à ce qu'ils se noient dans la brume.

Près du col des Sires, vers quatorze heures, sitôt la pause casse-croute terminée, un groupe de quatre couples de randonneurs de l'association *Le Pied Curieux* de Pernes-les-Fontaines, croise mon chemin. La conversation s'engage et bien évidemment je ne manque pas de me vanter de mon impressionnant voyage et de ses bienfaits. Je ne sais pas pourquoi, mais les dames s'affichent en supportrices. Pour un peu, elles m'auraient suivi. Décidément, tout le monde rêve de grande évasion.

La deuxième moitié de cette très longue étape sera moins palpitante. Fatigué, je me concentre sur mes jambes, mes pieds et les sensations plus ou moins désagréables qui s'amplifient. Bref j'entre en mode service minimum et je veille à mettre un pied devant l'autre pour assurer chaque pas et ne pas tomber.

Je passe à côté de Montbrun-les-Bains que je laisse sur ma droite. En d'autres circonstances, je me serais approché de ce beau village classé avec son beffroi et son château qui le surplombe, mais pour l'heure, je ne pense qu'à la distance qu'il me reste à parcourir. J'économise mes forces.

Je chemine ensuite au pied du village perché de Reilhanette, pour rejoindre ma maison d'hôte. Lorsque j'arrive chez Finn et Vonne, au Mas des Pauzes, je suis mort, mais une douche, une bière et un bon repas que j'avais oublié de réserver, mais que Finn avait bien anticipé, et me voilà ressuscité. Je suis prêt à attaquer la dix-huitième journée qui fera office de balade, avec ses 17 kilomètres, en comparaison avec l'étape d'aujourd'hui.

Demain soir, je dormirai au pied du Ventoux.

Une heure d'ascension dans les montagnes fait d'un gredin et d'un saint deux créatures à peu près semblables. La fatigue est le plus court chemin vers l'égalité, vers la fraternité. Et durant le sommeil s'ajoute la liberté.
*Friedrich Nietzsche*

## *Vendredi 29 juin,*
## *de Rilhanette à St-Léger-du-Ventoux.*

Ce matin, je vais prendre mon temps. Moment sacré s'il en est, le petit-déjeuner est servi au jardin dans cette ancienne demeure isolée dans la vallée du Toulourenc où le soleil est encore trop bas pour nous réchauffer. Le polaire est apprécié autant que le café.

Au moment de quitter Finn et Vonne, leurs amis Québécois en vacances chez eux me proposent de m'héberger au Québec, s'il me venait l'idée d'aller découvrir le Canada à pied. On se fait vite des amis en cheminant.

Je pars du Mas des Pauzes comme j'y étais venu. Par trois kilomètres de route en légère descente en suivant le Toulourenc afin de rejoindre un GR. Je n'aime pas ces routes passagères où les voitures roulent vite et où aucun espace n'est prévu pour les piétons. Pour le chemineau, le bitume c'est la déchéance, le sentier le salut, et la montée la félicité.

Devant moi, le Ventoux, auquel s'accrochent quelques nuages blancs, se dresse, me nargue, m'attire. Il a raison mon frère Nicolas de m'écrire que je joue petit bras en le contournant par le nord. J'aimerais bien transpirer sur ses flancs. Mais il me faut raison garder et mes forces ménager. Mon chemin est encore long pour rentrer chez moi et j'ai les jambes lourdes après ces douze heures de marche de la veille. Pour autant, je ne vais pas rester en bas en avançant les yeux baissés, à me laisser écraser par ce seigneur. J'ai choisi de passer par le GR 51 et le Rocher du Charles. En grimpant à 800 mètres d'altitude, à défaut de le dominer - le Ventoux avec ses 1 911 mètres ne se domine pas - je peux le toiser du regard et rétablir une certaine part d'un équilibre tout relatif.

A l'approche de Brantes, je m'arrête à l'ombre d'un tilleul pour une pause déjeuner bienvenue. Je dévore les deux sandwichs au gouda (Hollande oblige) et la demi-banane donnée par Finn. « C'est bon pour les sportifs. » m'avait-il dit. Avant lui, Sandra m'avait déjà initié à la restauration sportive en randonnée avec cet aliment fort souriant lorsqu'il est entier. J'avale un litre d'eau tiède. Je ne me désaltère pas, je m'hydrate ! Avant de repartir, je vais visiter Brantes où j'espère trouver une fontaine pour refaire mes provisions d'eau fraîche. Le village grouille de touristes en auto, à moto, à vélo... et moi à pied. La terrasse de l'auberge affiche complet. Des cyclistes allemands en grand nombre doivent vraisemblablement débriefer l'ascension du géant devant une bière.

En entrant dans le vieux village, un homme m'interpelle sur l'étrangeté du balisage du GR dans ces ruelles. Il a dû reconnaître en moi un randonneur compétent, à ma tenue réglementaire composée d'une casquette, d'un short, de deux bâtons et d'un sac à dos. Et donc, par conséquent, un spécialiste des sentiers balisés.

Il faut dire que j'évite d'être pris pour un vagabond. Physiquement, je précise. Car dans ma tête il y a longtemps que je fais l'éloge du vagabondage, de l'errance, du nomadisme. Pour cela, je me lave tous les jours et me rase régulièrement. Mes vêtements sont à peu près propres et j'essaie de sentir bon jusqu'à midi. Après je ne garantis plus rien !

Je consulte la carte IGN au $1/25000^{\text{ème}}$ sur mon smartphone pour constater qu'en effet, à Brantes, le rose des GR est dominant et confus. J'en conclus que le GR passe par toutes les ruelles du village. Je vois alors que mon interlocuteur porte fièrement, oserais-je dire ostensiblement, à son poignet droit un rutilant bracelet en silicone bleu frappé de la coquille jaune, symbole du Chemin Jacquaire, et, comme si cela ne suffisait pas, du mot "Camino". Aucune erreur possible, cet homme-là est un irréductible pèlerin.

« - Vous avez fait Saint Jacques ? osé-je sans prendre de risque.
- Quatre fois.
- Ah quand même ! Et vous partiez d'où ?
- Du Puy. Cinquante-huit jours de marche en France et en Espagne. Tenez, poursuit-il en me montrant une photo sur son téléphone, regardez ce que je viens de découvrir dans la chapelle. Une statue de Saint Roch montrant sa blessure. Pourtant nous ne sommes pas ici sur un chemin de Saint Jacques. »

Sur l'instant, cette découverte me laisse de marbre. J'allais devoir me renseigner autrement qu'en lisant « *Immortelle Randonnée* » de Jean-Christophe Ruffin. Bien sûr, Saint Roch est le saint patron des pèlerins et la photo a, de toute évidence, été prise dans la chapelle éponyme. C'est une bonne idée finalement de placer une statue de Saint Roch dans la chapelle Saint Roch.

Notre conversation se poursuit en abordant mon « Camino » à moi et il reconnait que mon parcours est plus exigeant que le chemin de Saint Jacques de Compostelle. Je lui en suis reconnaissant. Avant de nous séparer, il m'indique la présence d'une fontaine quelques dizaines de mètres plus haut. Je m'y rends pour remplir ma gourde et ma bouteille d'eau fraîche.

Elle n'allait pas le rester très longtemps. J'ai encore la moitié de l'étape à parcourir sous un soleil radieux, accompagné par des cigales cymbalisant en stéréophonie et dont le concert permanent est désormais bien lancé.

Je regagne le GR 51 qui m'amène à Saint-Léger-du-Ventoux, une des communes les moins peuplées du Vaucluse avec ses trente-neuf habitants.

En aval de quelques kilomètres sur le Toulourenc, la Bergerie des Salamandres, où je suis accueilli par Marjolaine et Julien, a tout d'une oasis. Mon gite est spacieux et frais. Le menu simple mais bon, a été confectionné par Marjolaine avec les légumes du jardin dont s'occupe Julien. Je dine seul sur une grande terrasse en herbe, royalement installé face au Ventoux, sans ses touristes. Entre deux plats, la jeune et ravissante Marjolaine, réservée et discrète, me fait la conversation.

Encore une très bonne surprise avec cette agréable impression d'être dans un lieu d'exception, loin du monde civilisé et du tourisme de masse. Demain, je vais rallier Malaucène où mon ami Patrice viendra me chercher avec son auto pour m'emmener dîner et dormir en Avignon. Mais il me ramènera au même endroit dimanche. Mon chemin ne saurait être tracé en pointillés.

> La montagne et l'eau finiront par se rencontrer.
> *Proverbe chinois*

## *Samedi 30 juin,*
## *de St-Léger-du-Ventoux à Malaucène.*

En prenant le petit-déjeuner dans la fraîcheur du matin face au Ventoux, je sais que je vais bientôt quitter cette montagne qui m'a enchanté trois semaines durant. En quelques jours, la flore a réellement changé. Le climat montagnard a laissé sa place au climat méditerranéen, le printemps à l'été. La garrigue a pris la place des herbages. Les fleurs et les sources se font plus rares. Le sol est plus aride. La pierre, plus sèche, sonne sous la semelle.

Je m'offre encore une bouffée de fraicheur en descendant sur les rives du Toulourenc. Je ne verrai rien des gorges. Le sentier prend de la hauteur et me perd dans la végétation. Il aurait fallu faire une randonnée aquatique, très en vogue ici, mais ce n'est pas mon projet et le contenu de mon sac à dos n'aimerait pas la baignade.

Sitôt sorti des espaces escarpés, la vigne et les arbres fruitiers font leur apparition. On approche de la vallée du Rhône. J'appréhende cette étape que je crois être la dernière en montagne. La monotonie du plat me hante avant qu'elle n'arrive. Mais le fait de retrouver Patrice, un ami rencontré il y a quelques années dans le milieu professionnel, me réjouit. Nous nous sommes donnés rendez-vous vers 15 heures à Malaucène. Je pousse l'allure.

Erreur ! Pour la deuxième fois en deux jours, le sol se dérobe sous ma chaussure. Les quinze kilogrammes du sac font le reste. Je me retrouve sur les fesses. L'événement serait anecdotique, si je ne tentais pas d'amortir instinctivement ma chute avec ma main droite.

Cette fois, une pierre acérée m'a entaillé le bras superficiellement. La trousse à pharmacie va enfin pouvoir servir à autre chose qu'à réparer mon bâton. J'ai peur de ces chutes idiotes. Je crains une entorse ou pire, une fracture qui mettrait à coup sûr un terme à mon voyage. Un abandon sur blessure serait une petite mort. Je redouble de prudence et réduis la longueur de mes pas.

A 15h10, Patrice me récupère au pied de l'église Saint-Michel. Il m'emmène vers la civilisation. Vers la grande ville touristique d'Avignon. Je vais me laisser guider, le temps d'une soirée dans cette ville où se côtoient un patrimoine exceptionnel et la réalité moins flamboyante de quartiers où les incivilités et la saleté sont omniprésentes.

Son chez-lui est parfait et les trois chambres d'hôtes gérées par Véronique affichent complet toute l'année. Deux couples de sujets de sa Majesté Elisabeth, au demeurant fort charmants, restent stoïques sous le soleil de plomb au bord de la piscine. Ils sont venus en Avignon pour bien rougir et ils le font à vue d'œil.

Pendant ce temps, je regarde, au frais, avec Patrice, la France battre l'Argentine. Quel match !

En touriste, sandales au pied et sans sac à dos, je découvre le cœur historique de la ville, avec mon guide particulier. Le soleil couchant éclaire la monumentale Cité des Papes et le fameux Pont d'Avignon d'une divine lumière. Le Rhône scintille de mille feux.

> Va donc d'instant en instant comme on improvise un chemin de rocher en rocher pour traverser le torrent.
> *Benjamin Kunkel*

## *Dimanche 1er juillet, de Malaucène à Séguret.*

Journée symbolique s'il doit y en avoir. C'est un chiffre rond. Un de ceux qui facilitent la pose de bornes, de jalons, d'intervalles égaux, de repères pour autant qu'on en ait besoin. Je suis donc arrivé au vingtième jour consécutif de marche en montagne. Ce n'est pas rien !

La nature, avec son caractère désordonné, vous pousse à neutraliser ces notions de chiffres, de comptes, de mesures. Au fil des sentiers chaotiques et changeants, vous oubliez peu à peu ces repères humains. Les jours s'enchaînent naturellement, les uns après les autres, sans routine aucune si ce n'est celle de refaire son sac chaque matin. Je m'efforce d'ailleurs d'y jeter mes poches de vêtements et trousse de toilette sans ordre, pour, justement, ne pas me contraindre aux gestes routiniers. Ainsi se déroule mes jours. Trop vite. J'en prends chaque instant sans plus rien gaspiller. Je m'efforce de m'émerveiller de tout et de rien et de croire que tout autour de moi n'est source que de plaisir et de bonheur. Je fais de l'épicurisme ma doctrine de voyage.

*« Quelque chose dans l'air a cette transparence et ce goût du bonheur qui rend ma lèvre sèche. »* chantait Jean Ferrat dans *Ma France*.

Marcher demande un effort mais tout me parait facile. Qu'il est aisé de prendre le sentier le matin, d'aimer les arbres, les oiseaux, les cigales, la terre et les cailloux. Et le soleil.

Tous ces messages qui me souhaitent « *Bon courage* » me seront plus utiles au 45ème jour quand approchera la fin du voyage.

Après l'intermède avignonnais, je vais retrouver mon itinéraire pédestre. Patrice me dépose là où il m'avait récupéré la veille, à Malaucène. En bon ambassadeur de son pays et soucieux d'apporter le meilleur service à ses clients, comme sait si bien le faire Véro, son épouse, il poursuit sa route jusqu'au sommet du Ventoux en emmenant deux anglais qui me saluent avec beaucoup d'élégance et de respect au moment de nous séparer.

Il est déjà tard, près de 11 heures, mais l'étape est l'une des plus courtes avec ses quatorze kilomètres. Je me désaltère largement et remplis mes bidons à une fontaine de Malaucène. Je m'attends à une journée très chaude. Je retrouve ce cher GR 4. Il y avait longtemps. J'imaginais un parcours assez plat. En fait, quelques belles montées ont tôt fait de réveiller mes mollets et de me faire éliminer en transpirant les excès de la veille et l'eau avalée à titre préventif. La montagne est généreuse. Quand elle s'arrête, elle ne le fait pas d'un coup. Les collines se succèdent et tourmentent le terrain pour aider le marcheur à s'acclimater à la plaine, progressivement, pas à pas. Bientôt, se dessinent sur la gauche les Dentelles de Montmirail qui griffent le ciel d'azur. Derrière moi, le Ventoux n'est plus qu'une ombre bleue noyée dans les brumes de chaleur.

Je ne rencontre pas grand monde sur le GR. Je m'amuse à photographier ce petit escargot blanc venu des steppes qu'on trouve par milliers en Provence. Il porte le nom de xeropicta derbentina et a pour particularité de se fixer en hauteur dès que le sol est trop chaud. Ici on l'appelle aussi la caragouille rosée ou le limaçon. Il a été découvert en Provence pour la première fois en 1949. Mais comment ce petit escargot originaire de Croatie est-il venu ici ?

En approchant de Séguret, ma destination du jour, je m'évertue à bien regarder où je pose les pieds sur le sentier caillouteux pour éviter une glissade et une chute de plus.

Quand soudain, devant moi, accroché à un buis, je remarque un ballon jaune avec un ruban blanc auquel est accroché une petite carte. Il a été lâché la veille de l'école Notre Dame de Courthézon par un petit Jules, sans doute à l'occasion de la fête de fin d'année scolaire. Bien sûr, j'ai glissé le carton dans la boîte aux lettres de la Poste à Séguret. Cela fera un heureux, de savoir que son ballon a été retrouvé. Mais il sera peut-être déçu de constater qu'il n'aura parcouru qu'une vingtaine de kilomètres dans les airs.

Après avoir pris le temps de visiter le village médiéval, je suis accueilli par Joël-Claude. Mon hôte discute une heure durant avec moi dès mon arrivée, en me servant un verre d'eau fraîche. Il me questionne sur les motivations de mon voyage, la dimension spirituelle de mon projet, s'intéresse aux détails et au fond. Je perçois quelqu'un d'une grande sagesse, possédant une excellente culture. Les arbres, les plantes, les pierres n'ont plus de secret pour lui. Ce fils d'agriculteur né ici, à Séguret, en 1951, est archéologue, écrivain, poète et très attaché au monde rural.

La belle rencontre !

> Maison de pierre, près des chênes.
> On y entre pour s'y garder de la lumière
> Chaque pierre y a son poids, qui s'appuie sur le poids de l'autre...
> *Joël-Claude Meffre*

## *Lundi 2 juillet,*
## *de Séguret à Sainte-Cécile-les-Vignes.*

Mon hôte m'offre au petit-déjeuner trois figues cueillies sur son figuier. Je me délecte. Le don est symbolique mais le geste est grand à mes yeux. Je quitte Joël-Claude avec regrets. J'aurais aimé passer davantage de temps avec lui.

L'étape du jour est longue et s'annonce monotone. La chaleur va de nouveau être au rendez-vous cet après-midi. Sur les conseils de mon hôte, je pars avec de l'eau congelée. C'est une bonne idée d'avoir mis les bouteilles au congélateur hier soir. Je vais ainsi la conserver froide jusqu'à 14 ou 15 heures.

Je vais suivre le GR 4 qui s'octroie encore quelques zigzags sur la colline, un sursis de la montagne, un répit avant le plat. Il s'accroche à son flanc, où la forêt offre encore un ombrage bienfaisant et tutoie les vignes multi-pulvérisées et aseptisées. Les cigales ne s'y trompent pas. Elles se concentrent dans les arbres au-dessus de moi et font un vacarme démultiplié. Visiblement, elles n'ont aucune envie de goûter au sulfate des vignes. J'évolue ainsi sur ce sentier encore frais pendant deux bonnes heures. Puis me voilà prenant la plaine, les routes, la chaleur, le bruit des voitures et des camions. Je m'accorde une première pause fraîcheur à Roaix, une seconde pour avaler mon sandwich à Rasteau et une dernière pour souffler à Caironne. Il est rare que je traverse trois villages le même jour et que j'y fasse une halte à chaque fois. Voilà la preuve que je change de contexte et que la densité des maisons et des habitants s'accroit à l'approche de la vallée du Rhône.

Je vais vite comprendre aussi qu'il ne faudra pas être trop exigeant en matière de paysage. Des vignes, des vignes et encore des vignes, sur des terres de plus en plus plates et chaudes. J'ai troqué le parfum des tilleuls qui m'avait accompagné depuis Sospel, à chaque hameau, à chaque ferme, et parfois même près de ruines, en pleine forêt, où ces tilleuls ont survécu aux hommes dans des lieux désormais abandonnés d'eux, pour celui du soufre. Je crois bien n'avoir rien gagné au change.

Et à nul doute, il me faudra trouver d'autres sujets à photographier que les paysages montagnards pendant deux ou trois jours. Le temps que je retrouve l'Ardèche, de l'autre côté du Rhône.

La présence de quelques arbres esseulés au milieu des hectares de vignes me vaut de côtoyer d'innombrables cigales concentrées sur les quelques branches non traitées. L'insecte est d'habitude craintif. Il ne se laisse ni découvrir, ni approcher. Là, il me suffit de ne pas faire de mouvements brusques pour pouvoir les frôler et réussir quelques plans rapprochés. Et, s'il est exact que le tintamarre est impressionnant, je n'irai pas jusqu'à cautionner ces « touristes » qui voudraient les éliminer en Provence parce qu'elles font trop de bruit pendant leurs vacances et les dérangent durant la sieste ! Crac, crac, crac ! A nul doute, ce son-là fait partie intégrante du patrimoine de la région. Si on ne les supporte pas, si on ne veut pas les entendre, il ne faut pas venir ici !

Il ne fait pas bon travailler quand la cigale chante.
*Proverbe provençal*

## *Mardi 3 juillet,*
## *de Ste-Cécile-les-Vignes à Pont-St-Esprit.*

Ah, ces vignes par cette chaleur ! Cette nouvelle étape de 26,5 kilomètres sera une des plus plates que je ferai. Je n'ai pas fait plus de trois bornes sur le bitume que j'ai déjà la plante des pieds en feu. Fort heureusement, sitôt passé Lagarde-Paréol, le GR 4 fraye son chemin au travers des collines où la végétation sauvage, si elle ne donne pas d'ombre, casse la monotonie des rangs de vigne soigneusement alignés. Ce désordre me sied mieux. N'ayant aucun intérêt économique à défendre, je préfère la garrigue inculte à la vigne sulfatée. Je ne dirai peut-être pas la même chose lorsqu'il me sera donné l'opportunité de boire un bon Côtes-du-Rhône, de préférence bio, pour éviter de déguster des pesticides par la même occasion. Tout est affaire de circonstances et de contexte. Pour l'heure, je suis à l'eau, ma priorité est la marche et j'apprécie de cheminer parmi les collines boisées, derniers espaces inexploités de cette vallée du Rhône.

A l'approche de Mondragon, le sable fin sous les pins me donne l'illusion d'être sur des chemins d'accès aux plages de l'Atlantique à la naissance du GR 4 à Royan.

Je suis déjà venu en vacances en famille à Mondragon en 2002. Je n'en garde que peu de souvenirs. C'était une autre époque, une autre vie. Nous avions visité Orange, en auto, fait une escapade dans les gorges de l'Ardèche, en auto, fait l'ascension du Ventoux, en auto... et sans doute fait quelques centaines de mètres à pied dans les collines. Une nouvelle phase de ma vie allait commencer l'année suivante à la suite d'un accident de santé.

Il m'avait fallu cet accident pour que je prenne conscience que le corps humain était une fragile machinerie qu'il fallait entretenir pour qu'elle dure longtemps. La marche m'avait alors révélé l'étendue de ses bienfaits tant physiques que mentaux. Cette traversée de la France dont j'attaquais aujourd'hui la quatrième semaine s'inscrivait vraisemblablement dans la continuité de cette nouvelle vie débutée en 2003.

A Mondragon, commence la traversée de multiples « frontières » nord-sud. Il y a la ligne de chemin de fer historique Paris-Marseille, puis la Nationale 7, puis l'autoroute A7, puis le canal de Donzère-Mondragon, puis la ligne TGV et enfin le Rhône. Je le traverse de 16h05 à 16h20 sur un des plus longs ponts de pierre datant du XI$^{ème}$ siècle, avec ses 919 mètres et ses 26 arches.

J'arrive ainsi à Pont Saint Esprit, le terme de cette vingt-deuxième étape, à grandes enjambées pour me mettre à l'abri avant que l'orage n'éclate.

Pour la première fois, je déplore l'apparition d'une ampoule au talon gauche. Sans doute en raison d'une route trop plate qui uniformise les frottements répétés des pieds dans les chaussures et peut-être bien aussi le signe annonciateur de la fin de vie proche de ces dernières. Il faudra pourtant qu'elles tiennent encore un peu.

> Seul celui qui marche sur la braise la ressent.
> *Proverbe tunisien*

## *Mercredi 4 juillet,*
## *de Pont-Saint-Esprit à Orgnac l'Aven.*

Nadine, mon hôte, me montre la lune bien visible sur un ciel bleu limpide à l'heure de mon départ de Pont-Saint- Esprit. Elle m'explique :
« - C'est une lune de Capricorne. C'est une bonne lune qui apporte des évènements positifs. » En astrologie, c'est une invitation à redevenir proche de nous-mêmes en tant que seule personne à pouvoir donner du sens à notre vécu. Il ne m'en fallait pas tant pour que je sois heureux de reprendre le chemin des montagnes d'Ardèche.

La veille au soir, Nadine m'avait invité à un barbecue plus ou moins improvisé avec Georges, un fringant jeune homme qui se préparait avec ses amies, Nadine et Laurence, à célébrer ses 80 printemps le week-end prochain. Cette préparation était d'ailleurs le sujet à traiter au cours de la soirée dans laquelle je m'étais immiscé sans complexe. La bonne humeur qui régnait dans nos échanges m'avait ravi. Nadine, que la vie n'avait pas ménagé, pratique le reiki et affiche une volonté de penser positif et d'être optimiste. Cette zen-attitude était en adéquation avec mon vécu sur mon chemin. Elle m'avait soufflé un mot pour qualifier cela : le lâcher-prise.

En réalité, je pense que mon comportement pendant mon périple était surtout induit par la marche, que je prenais comme remède contre une situation délicate liée à des moments mal vécus.

Dans *Eloge de la marche*, David Le Breton livre une analyse dans laquelle je me retrouve bien.

« *La traversée d'une épreuve morale trouve dans l'épreuve physique qu'est la marche un antidote puissant qui modifie le centre de gravité de l'homme. En plongeant dans un autre rythme, une relation nouvelle au temps, à l'espace, aux autres, par ses retrouvailles avec le corps, le sujet restaure sa place dans le monde, il relativise ses valeurs et reprend confiance en ses ressources propres. La marche le révèle à lui-même, non sur un mode narcissique, mais en le rétablissant dans le goût de vivre et le lien social. Sa durée, son âpreté parfois, le rappel à l'élémentaire qu'elle induit, le rendent en effet susceptible de rompre une histoire personnelle douloureuse, d'ouvrir des chemins de traverse à l'intérieur de soi, loin des sentiers battus où le désarroi se ruminait à l'envi.* »

Je quitte ainsi Nadine, après un petit-déjeuner partagé, chargé d'ondes positives. Je fais deux légers détours avant de rejoindre le GR 4. Le premier de cent mètres à peine pour voir la rivière Ardèche se jeter dans le Rhône. Symbolique ! Le second à peine plus long pour acheter un sandwich. Les ondes, fussent-elles ultra positives, ne me suffiront pas pour rallier Orgnac l'Aven à 25 km. Il me faut aussi emporter quelques denrées alimentaires.

Je suis donc cette lune, unique tâche claire sur le ciel bleu, pendant environ deux heures. Sur la route qui monte doucement vers Saint-Julien-de-Peyrolas, j'achète dans une ferme, pour trois fois rien, quelques abricots, pêches et brugnons bien mûrs. Et finalement, je m'avale un bon kilo de fruits en entrée, bien avant le sandwich. Ne rien faire comme d'habitude, rompre la monotonie du quotidien, sortir des ornières, manger autrement. Le dessert avant le sandwich. Quelle subtilité !

Il n'y a que de l'asphalte sur dix kilomètres pour aller à Aiguèze, superbe petit village très touristique accroché à la falaise qui surplombe l'Ardèche. Ensuite, il n'y a que des sentiers, des pistes et la garrigue épaisse, basse et sans ombre. J'avais hâte de ce renouveau. En passant le Rhône, on se retrouve presque au point zéro à quelques trente mètres d'altitude et les deux dernières journées dans les vignes et les plaines maraîchères et céréalières sur l'île, entre le canal et le Rhône, ne m'avaient pas particulièrement enthousiasmé. J'étais donc excité (et plein d'ondes positives !) à l'idée d'entrer en Ardèche avant la fin de la journée.

Déjà, dans cette pointe nord du Gard, le paysage rural a changé. Certes les vignes, plus ou moins bio - j'ai vu un nombre impressionnant de pulvérisateurs en action ou en transit depuis trois jours -, sont encore bien représentées. Mais elles partagent l'espace agricole avec des oliveraies, des plantations de kiwis ou autres arbres fruitiers, des champs de lavande dans des proportions qui rappellent le bocage d'antan. Je m'y sens nettement plus à l'aise.

Il me reste à parcourir quelques kilomètres en pleine nature. Les pistes sont désertes. Il n'y a pas d'ombre. J'ai suffisamment d'eau mais elle est de plus en plus chaude. Je vais pouvoir faire du thé. Elle était pourtant congelée au départ ce matin. Depuis quelques jours, il n'y a plus ni fontaine, ni source dans les hameaux.

A l'approche de Saint-Just-la-Fontaine, je retrouve avec plaisir les petits sentiers bordés de deux murets en pierres sèches. Je suis arrivé en Ardèche ! Après huit heures de marche sous le cagnard, au lieu-dit la Fontaine – le bien nommé - je me jette sur le lavoir sans chercher à savoir à quand remonte le dernier contrôle sanitaire de l'eau. J'ai fait ce petit détour parce que j'ai vu trois lettres magiques suivies d'un point, en bleu, sur la carte IGN : « *Lav.* ». J'en bois un litre et demi cul sec.

En arrivant à Bardelle, un hameau regroupé autour d'une seule route, ou plutôt impasse, sur laquelle je m'engage, à peine ai-je fait cinquante mètres qu'un habitant des lieux, venu déposer ses poubelles dans des containers, s'empresse de m'apporter son secours. Je n'ai pourtant pas l'air désorienté. Mais peut-être qu'un randonneur qui s'engage dans une impasse en fin de journée peut laisser penser qu'il est égaré. Ou alors juste l'envie de parler.

« - Je peux vous aider ?
- Je cherche la chambre d'hôte de Myriam.
- Ah. Désolé. Je ne connais pas de Myriam dans le village.
J'étais pourtant certain d'être au bon endroit. Et la conversation en vient naturellement à :
- Et alors, vous venez d'où, comme ça ?
- De Pont Saint-Esprit
- Ah oui, quand même ! Ça fait une trotte !
- En fait je viens de Menton ! Je suis parti le 12 juin.
Stupéfaction ! Vient alors l'inévitable question complémentaire :
- Mais vous allez où ?
- Ce soir, je vais dormir ici mais je vais à Montmorillon, dans la Vienne ! J'arriverai le 31. »

A partir de cet instant, je passe pour un grand sportif ou pour un malade. En tout cas, je ne laisse pas mon interlocuteur indifférent. Et, bien sûr, maintenant, je m'en amuse. Au terme de dix minutes de conversation, au cours desquelles nous referrons une partie de mon parcours ensemble puisque ce monsieur connait très bien les Alpes-de-Haute-Provence.

« - Si Myriam ne fait pas table d'hôte, venez manger chez moi, j'habite juste à côté. On pourra discuter. ». Il me montre où il habite, une centaine de mètres avant ma destination programmée.

Myriam ne fait pas de cuisine. Mais elle a envie d'aller au restaurant à Orgnac l'Aven à trois kilomètres d'ici. Nous y allons en voiture, elle, son ami et moi. C'est ainsi que j'ai pu déguster une bonne bière. Il y a quand même de bonnes habitudes qu'il est utile de conserver en toutes circonstances.

Anecdote : mon passage à Bardelle a au moins permis que deux voisins apprennent à connaître l'existence l'un de l'autre, à défaut de faire connaissance. Peut-être qu'à l'occasion d'une prochaine fête des voisins, je serai le sujet d'une conversation entre eux.

> Ne demande jamais ton chemin à celui qui sait.
> Tu pourrais ne pas te perdre.
> *Paulo Coelho*

## *Jeudi 5 juillet,*
## *de Orgnac l'Aven à Vallon-Pont-d'Arc.*

J'ai mal dormi la nuit dernière. La chambre était aussi petite que le lit. Il faisait chaud. La fenêtre et les volets ouverts constituaient une invitation au festin pour deux moustiques qui me réveillèrent à cinq heures, juste avant que le coq du voisin ne s'égosille à tue-tête. Ce sont là les charmes de la campagne. Il faut en accepter l'augure et se projeter sur la nuit suivante en espérant qu'elle sera meilleure.

Sur les conseils des habitants du hameau, je modifie mon parcours. Je vais éviter les routes goudronnées qui me feraient passer à Orgnac l'Aven. Je vais préférer les pistes forestières. J'aurai suffisamment de bitume sur les cinq derniers kilomètres de ce parcours qui en totalise une vingtaine et dont le dénivelé est négatif. J'ai eu raison de faire ainsi. Le matin, ces pistes sont fraîches et ombragées et bien que je me sente un peu fatigué par cette nuit tronquée, j'avance vite. La température sera moins élevée qu'hier. Tant mieux.

J'évolue en pleine garrigue sauvage, je ne trouve guère de site très photogénique. Ça manque de relief et de hauteur. Me voilà donc, m'intéressant à un dolmen par-ci, à des papillons sur des fleurs, par là. Un scarabée aux reflets métalliques multicolores, dont j'ignore le nom, me semble être très présent, eu égard au nombre de spécimens vu aujourd'hui sur le chemin. Je saurai plus tard en me documentant que le carabe en question est un calosome sycophante et que son abondance toute relative est étroitement liée à celle des chenilles dont il est un prédateur. Il joue un rôle important de régulation dans l'écosystème forestier car il n'hésite pas à consommer de nombreuses chenilles à poils urticants que délaissent souvent les oiseaux.

Et des chenilles, ici, il y en a des millions. Certaines meurent par centaines en essayant de traverser les pistes surchauffées. Désorientées, elles tournent en rond sur le sable et finissent desséchées au soleil.

Je constate aussi la véritable désolation laissée par la pyrale du buis. Après le passage de cette chenille verte originaire d'Extrême-Orient, introduite accidentellement en France dans les années 2000, il ne reste des buis que des squelettes d'arbustes secs et blanchis. J'ai déjà croisé cette calamité en divers lieux depuis mon départ de Menton, mais j'ai vu aussi, surtout en altitude, des buis encore intacts. Pour combien de temps encore ? Ici en Ardèche, ce fléau a pris des dimensions impressionnantes. Les petites chenilles vertes sont omniprésentes. Elles s'accrochent à vous lorsque vous sectionnez le mince fil de soie qui les retient en passant sous les arbres. Et vous voilà devenu un pourvoyeur malgré vous de ce parasite.

Après avoir traversé Labastide de Virac puis le joli village médiéval de Salavas, je traverse la rivière Ardèche à Vallon-Pont-d'Arc. C'est ici que je vais pouvoir reprendre un peu du temps de sommeil tronqué de la nuit précédente. Auparavant, je vais goûter une nouvelle fois au plaisir d'une baignade en piscine.

Même pour le simple envol d'un papillon, tout le ciel est nécessaire.
*Paul Claudel*

## *Vendredi 6 juillet, de Vallon-Pont-d'Arc à Banne.*

Le petit pont, au pied de l'ancien moulin de Sampzon, est bien ouvert aux piétons. Tant mieux. Je vais pouvoir quitter les Mazes près de Vallon-Pont-d'Arc en évitant les axes routiers pris d'assaut par les touristes qui se sont rués sur les très nombreux campings de la vallée.

Je parcours les premières centaines de mètres avec deux Havrais très intéressés par l'application que j'utilise sur mon smartphone pour suivre mon itinéraire. Je leur donne avec grand plaisir tous les renseignements utiles pour qu'ils puissent la télécharger. Quand on peut rendre service. Un peu plus loin, c'est un jeune saisonnier qui fait un bout de chemin avec moi. Nous faisons connaissance, partageons nos expériences et nos passions. Il est à la recherche d'un site pour faire de l'escalade.

A marcher seul, on nage le plus souvent dans un océan de silence. Je parle du silence humain et technologique, pas du bruissement de la nature. Il n'y a pas de paroles, pas de bruits de moteurs, pas de frottements, pas de sonneries ou autres agitations urbaines. Le calme règne en maître. Le silence est d'or. Paradoxalement, les rares et courtes rencontres, lorsqu'elles sont courtoises comme généralement en randonnée, sont toujours agréables. Il y a une magie qui opère sur les sentiers lorsque les êtres humains volontairement isolés se rapprochent et échangent quelques mots. La rareté de la parole en fait un bien précieux.

Pourquoi les êtres humains se comportent-ils tellement différemment sur les trottoirs des villes ?
A Puget-Théniers, où j'étais il est vrai dans un mauvais jour, il m'était venu l'idée bien sombre que le cliquetis répété de la pointe métallique de mes bâtons sur le béton des trottoirs faisait le même effet que les crécelles des lépreux

au Moyen-Âge. Seule la fuite était différente. On ne me fuyait pas, mais les regards ne se croisaient plus. Le salut le plus élémentaire n'était plus d'actualité. Le béton concentre les hommes en un lieu mais il ne les rassemble plus. Il les éloigne. C'est là un vrai paradoxe !

A mi-parcours, je croise pour la première fois depuis vingt-quatre jours, un couple de randonneurs dont l'équipement me révèle qu'ils sont sur un raid de plusieurs journées. En effet, ils terminent aujourd'hui une randonnée de dix-huit jours qui les a fait partir de Bourgogne pour rejoindre Salavas où j'étais hier. Enfin, je ne suis plus seul à porter un grand sac à dos ! Nous échangeons quelques minutes sur notre projet respectif, nos étonnements et les enseignements que nous en tirons.

L'étape du jour est assez longue (25 km). Mais elle n'est pas exigeante. Les nuages présents par intermittence m'apportent une fraîcheur appréciable. Passé Comps, je me retrouve dans la plaine de Berrias qui, à mes yeux de bipède habitué aux collines, me fait penser que je suis arrivé en Poitou. Ou pire, en Beauce. Dix kilomètres de morne plaine où j'ai le temps de contempler des champs de maïs, des vignes, des plantations de melons ou bien des parcelles d'orge plus ou moins moissonnées. Bref, je trouve le temps long sur cette terre étonnamment plate.

Vers 16 heures, je me rafraîchis à la fontaine de Berrias. J'entends quelques clameurs derrière les volets mi-clos des maisons. Le match France-Uruguay est commencé. J'approche des Pialets où je vais essayer de trouver la maison d'hôte. Ma montre connectée m'indique que Varane vient d'ouvrir la marque. C'est parfait !

Tiens un ballon blanc est accroché à la poignée d'un portail noir. Il porte un message qui m'est destiné : « *C'est ici Laurent* ». Ce doit être pour moi. J'imagine mal un autre Laurent venant dans ce petit hameau aujourd'hui. Je pousse le portail, frappe à la porte. Renelle et Patricia m'accueillent. Je les devine presque impatientes de découvrir quel est cet individu bizarre qui veut faire comme Sylvain Tesson. Leur téléviseur diffuse le match mais nous n'allons pas le regarder. Nous avons tant de choses à nous dire. Un verre d'eau pétillante est bienvenu après huit heures de marche.

Griezmann vient de marquer le second but. L'affaire est bien engagée. Si la France est championne du Monde, j'accrocherai un drapeau tricolore à mon sac. Promis !

Renelle est professeur d'histoire-géographie. Patricia est professeur de lettres. Quelle belle coïncidence pour un marcheur que de faire se rencontrer, le temps d'une soirée, la géographie, l'histoire, la littérature et la passion de la marche. Comme tout ça va bien ensemble.

Leur demeure en Ardèche est une maison de vacances. L'une et l'autre sont Lilloises. Cela explique certainement leur sens de l'hospitalité. Je suis aux petits soins toute la soirée. Nous discutons des heures durant. Quelle richesse dans nos conversations où nous nous livrons en toute confiance sur nos vies professionnelles, lorsque nous en avions une, sur nos engagements associatifs, sur notre philosophie de la vie, sur nos espoirs et nos idéaux, ceux d'avant, et ceux de maintenant.

Si j'ai choisi prioritairement des chambres d'hôtes en hébergement, c'est bien sûr en raison de leur densité en milieu rural mais c'est aussi pour augmenter mes chances de faire de belles rencontres. Bien évidemment, cela ne fonctionne pas à chaque fois. Tout d'abord parce que certains hébergeurs s'apparentent davantage à des loueurs professionnels qui vendent une prestation comme un hôtel. Avec d'autres, bien que plus ouverts, plus accessibles, le courant ne passe pas. C'est ainsi. L'accueil a beau être sympathique, la volonté de bien faire aussi, le contact restera froid. Cordial, mais froid. Il y a ceux qui ont décidé de louer une chambre pour arrondir les fins de mois, pour occuper une grande maison lorsque les enfants sont partis ou lorsque le couple s'est défait. Parfois, on vous laisse la chambre du grand fiston telle qu'elle était lorsqu'il est parti vivre ailleurs. On s'y sent parfois gêné. D'autres, enfin, louent une chambre, pour rompre l'isolement, pour multiplier les chances de rencontrer quelqu'un avec qui parler dans l'espoir que les échanges seront riches, chaleureux et réciproques. Alors, chacun de son côté, y trouve son compte. Chez Patricia et Renelle, j'étais exactement dans cette situation.

Elles me font promettre de leur rendre visite en août pour leur raconter la fin de mes aventures, un peu, et nous revoir, surtout.

> On peut bâtir quelque chose de beau
> avec les pierres qui entravent le chemin.
> *Johann Wolfgang von Goethe*

## *Samedi 7 juillet, de Banne aux Vans.*

L'étape du jour va être courte. Très courte. La plus courte de mon périple. Une vraie journée de repos. J'en profite pour m'éterniser chez Renelle et Patricia. Je suis tellement bien dans ce havre de paix qu'est leur maison de vacances, ici, aux Pialets. Plusieurs fois sur mon chemin et particulièrement aujourd'hui, j'ai été tiraillé entre l'envie de rester pour poursuivre les riches discussions avec mes hôtes et la « nécessité » de reprendre le sentier.

La montée vers Banne est douce à mes jambes malgré la chaleur déjà bien forte. Je traverse le petit hameau des Avelas, avec ses ruelles et ses nombreux porches qu'on appelle des soustets en Provence. Ce sont des passages sous voûte, de petits tunnels ou des ruelles couvertes. Magnifique. Tout autant que le sentier ombragé qui m'amène ensuite à Banne.

En marchant, je repense à cette phrase de Nadine à Pont-Saint-Esprit : *"Le hasard n'existe pas, Laurent."* Mais alors quelle est la fée qui a guidé mon doigt sur l'écran de ma tablette numérique lorsque j'ai dévié le tracé de mon parcours vers le sud ? Lorsque j'ai choisi de m'arrêter dans la maison de Renelle et Patricia et de gravir ces collines en cet endroit ? J'aurais pu passer plus au nord, et filer directement sur les Vans. Mais, non j'avais détourné mes pas vers Les Pialets et Banne et c'était providence.

Au pied du fort de Banne, à l'ombre des platanes, sur cette place riante où les cigales couvrent le chant de la fontaine, caressé par la même brise fraîche que celle du Dormeur du Val de Rimbaud, je m'émerveille une fois de plus de ce que ce « hasard qui n'existe pas » me donne de vivre.

Tiens un mariage ! Un concert de klaxons de voitures traversant la place accompagne des mariés assis dans une vieille Citroën Traction Avant noire. L'Auberge de Banne a dressé la table sur la place, sous les parasols. Chaque invité repartira avec une petite bouteille d'huile d'olive délicatement enrubannée. L'huile d'olive est ici un produit noble. Un cadeau de la terre, de l'eau, des saisons où l'arbre a su capturer les rayons de soleil pour donner au fruit pressé cette belle couleur d'or.

Je reprends ma route. Je mangerai mon casse-croute un peu plus loin dans la colline. Il a été préparé avec un soin tout particulier par Patricia. Pain frais de Saint-Paul-le-Jeune, jambon de pays, coppa, fromage, beurre et salade ! Il mérite donc un endroit isolé loin de la foule pour être dégusté. Le GR 44 que je vais suivre jusqu'aux Vans emprunte un instant une route étroite et sinueuse bordée de rochers chaotiques qui semblent me saluer à mon passage. Il s'agit là des prémices du bois de Païolive, un site remarquable en Ardèche du sud, une forêt de roches calcaires pétrifiées auxquelles l'érosion a donné des formes étranges et créé de vrais labyrinthes minéraux.

Le soleil tape dur. Mais il ne me brûle pas. Je suis bien. Voilà tout. Un peu plus loin, quittant la route, le chemin bordé de murets de pierres rappelle la rudesse de cette belle Ardèche. La nature a jeté au sol tous ces cailloux blancs que le travail des hommes a, pendant des siècles, arraché à la terre pour la rendre utile.

Ils en ont fait des kilomètres et des kilomètres de murets, sans ciment, défiant le temps de leur équilibre précaire.

« *Avec leurs mains dessus leur tête, ils avaient monté des murettes jusqu'au-dessus de la colline* », chantait le poète.[1]

Les dernières générations happées par le modernisme et l'envie d'une vie meilleure, abdiquent, fuient la rigueur des hivers et le plomb des étés, et laissent la nature reprendre lentement sa place. Le vent, la pluie, le gel, les broussailles et les arbres viendront un jour à bout de ces murs. Ils en feront tomber une à une les pierres. Sauf, peut-être, en bordure des chemins de randonnées, où il y aura toujours des hommes pour donner l'illusion aux passants que les traditions sont perpétuées. Plus haut, dans la colline, à l'abri des regards, de superbes restanques abandonnées ne profiteront pas des mêmes faveurs.

Ah la magnifique Ardèche que demain je vais devoir quitter pour rejoindre la Lozère !

> Aquò's las mans terrosas que fan manjar lo pan blanc.
> Ce sont les mains terreuses qui font manger le pain blanc.
> *Dicton ardéchois*

---

[1] Jean Ferrat, *La Montagne*

## *Dimanche 8 juillet, des Vans à Vielvic.*

Je laisse Les Vans derrière moi et je traverse le hameau de Naves qui mérite le détour. On ne découvre jamais tant un village que lorsqu'on le traverse en marchant. Certes, on ne parcourt pas toutes les rues, mais la vision qu'on en a, s'approchant et s'éloignant, magnifie cette découverte et favorise l'appropriation de l'espace. A pied, on est partout chez soi.

Après Naves, le sentier monte bien vers la Croix de Bancillon. Je retrouve le plaisir d'une belle ascension de plusieurs heures. La montagne me manquait depuis le pied du Ventoux. A l'approche du hameau des Alauzas, je retrouve aussi des châtaigniers.

Il fait bon dans cette montée. Avec l'altitude, les cigales laissent la place au bourdonnement des insectes, aux gazouillis des oiseaux, au souffle du vent dans le feuillage et à la délicate chute des chatons blonds des châtaigniers sur le tapis de feuilles sèches. Pour un peu on toucherait au sublime.

Plus loin, abandonnant la forêt, le GR 44 emprunte la crête de Serre de Barre et devient exigeant. Il est tracé dans un paysage chaotique où les rochers sont masqués par une végétation épaisse. Avant d'y laisser une cheville, je décide d'emprunter la piste forestière en contrebas. Elle est en bon état et ombragée de temps à autre. Il s'agit bien là des seuls avantages que j'en tire car je vais me rallonger un peu et perdre la vue panoramique qu'offrait la crête. Je dois gagner du temps car j'ai traîné dans la montée.

La seconde moitié de cette étape de 26,8 kilomètres, ne m'apportera pas grand plaisir. Entre Ardèche, Gard et Lozère, les Cévennes en ce lieu sont sous l'influence du climat méditerranéen. Sec et chaud. Je ne traverse aucun village, ne trouve aucune source, aucun ruisseau qui ne soit à sec, et je dois gérer au mieux ma réserve d'eau qui s'épuise et se réchauffe. Je chemine dans des forêts de châtaigniers, de hêtres et de conifères en restant à une altitude comprise entre 800 et 900 mètres.

J'ai hâte d'arriver à Vielvic où mon gîte m'attend. Un tout petit village de 47 âmes au creux de la vallée de la Cèze qui sépare le Gard sur sa gauche de la Lozère sur sa droite. Lorsque j'y pénètre, je suis étonné de trouver une étrange passerelle pour piétons à la place du trottoir. A cet endroit le Vignalet, un ruisseau le plus souvent à sec, coupe la seule rue du hameau en cas de fortes pluies hivernales ou lors d'épisodes cévenols.

Je m'arrête à l'unique bar-restaurant de la commune de Saint-André-Capcèze, ici à Vielvic, afin d'y réserver une table pour le diner et engloutir une pinte de menthe à l'eau. Dans ce restaurant ouvrier, tout simple mais très convivial, on vous propose un menu de cinq plats pour un prix très sage. Tous ces plats étant particulièrement copieux, l'affaire n'est pas courante.

« - Il n'y a pas si longtemps, nous étions au RSA. C'est normal que nos clients puissent trouver à bien manger pour pas trop cher. », m'avait expliqué la patronne qui assurait le service. Le sandwich qu'on m'avait taillé dans un « pain de 2 » pour le lendemain était aussi hors norme.

L'eau n'oublie pas son chemin.
*Proverbe russe*

## *Lundi 9 juillet, de Vielvic au Bleymard.*

Je pars tôt de Vielvic. Bien avant que les premiers rayons de soleil ne viennent réchauffer ce petit hameau encaissé. Le vent me parait bien frais ce matin. Je remonte la Cèze jusqu'à Saint-André-Capcèze. Un retraité termine sa promenade quotidienne avec son chien. Nous marchons ensemble pendant un bon kilomètre. Avec son accent local bien prononcé, il me parle du pays avec optimisme. Il est ravi de me dire que des jeunes font construire sur la commune. Au moins quatre ou cinq maisons. Ce n'est pas beaucoup mais, dans ces villages abandonnés par la société urbanisée, des jeunes qui restent, c'est la vie qui insiste. En marchant, il m'énumère avec moult détails les maisons à vendre. Sûr qu'il connait tout de son village.
« - Des gens des villes viennent acheter ici. C'est plus calme. Quand on voit ce qui se passe. Vous avez vu à Nantes ?
- Oui. », ai-je dû répondre alors, pour ne pas lui donner l'impression d'être un extra-terrestre !

En fait, je ne vais pas lui avouer que, dans mon exode perpétuel depuis le 12 juin, je n'ai pas trop suivi l'actualité. Ou plutôt, je l'ai écarté. La fuite est mon quotidien. Je suis un fugitif de la vie sociale urbaine et décadente, de ses excès en tous genres et de ses exclusions. Je suis un fuyard de la connerie humaine. Sur mon chemin, je ne vois plus que le beau, le bien, le plaisir et le bonheur. Douce drogue euphorisante et éphémère sans effets secondaires indésirables. Ce qui compte pour moi aujourd'hui, c'est que l'eau soit fraîche, l'herbe verte et le ciel bleu.

Je traverse rapidement Villefort. Moins rapidement toutefois que ce motard sur sa Harley qui diffuse sans complexe "*I Feel Good*" de James Brown. Je suis entièrement d'accord avec ses choix musicaux matinaux. Ça donne le ton d'une belle journée d'été qui commence. Je suis parti à 7h30 car cette étape sera la dernière difficile avec ses 30 kilomètres, 1200 mètres de dénivelé et des montées jusqu'à l'arrivée. Je vais au Bleymard à 1100 mètres. Là où il y avait soixante centimètres de neige au mois de mai !

Le GR 44, plusieurs fois emprunté ces jours derniers, me fait passer au nord du Mont Lozère. En quelques kilomètres de sentiers et de pistes, la transition est franche et le contraste marqué. Les nombreuses sources se succèdent et les ruisselets chantent de partout dans la forêt épaisse qui surplombe le lac de Villefort.

Bientôt, la forêt fait place à des pâturages d'un vert alpestre, l'eau est omniprésente. Les talus sont couverts de fleurs et on s'affaire à faucher les prés et rentrer le foin. A cette altitude de presque 1000 mètres, c'est le printemps qui revient. Les effluves de tilleuls en fleur me donnent l'impression d'être resté dans les montagnes des Alpes-Maritimes un mois plus tôt. Les clôtures de fils électriques ont été remplacées par du barbelé et les troupeaux de moutons et de chèvres par des vaches.

Il y a plusieurs France dans notre beau pays et chaque virage permet d'en dévoiler les facettes une à une. La veille, entre Les Vans et Vielvic, il me fallait gérer avec parcimonie l'eau que j'avais emportée. Aujourd'hui, chaque hameau possède sa fontaine où coule l'eau pure et froide offerte par le Mont Lozère.

Peu avant d'arriver au Bleymard, au Col Santel à 1195 mètres, je rejoins le GR 70, le légendaire et prisé Chemin de Stevenson que je vais remonter pendant un peu plus d'un kilomètre. Comment ne pas rendre hommage à cet instant au célèbre auteur de *L'Ile au Trésor* qui, pour soigner une maladie respiratoire, viendra marcher en

Cévennes. De son périple du Puy-en-Velay à Saint-Jean-du-Gard, avec son ânesse Modestine, il produira une littérature de voyage inédite, un journal empli de commentaires érudits d'une grande finesse. Une référence absolue.

« *Un véritable ami est ce qu'on que l'on peut trouver de mieux dans nos voyages. Heureux qui en trouve plusieurs. Nous voyageons pour les trouver. Ils sont le sens et la récompense de la vie.* »

Je suis accueilli très amicalement par la sportive Olivia. Le repas, qu'elle partagera avec moi, nous donnera l'occasion de discuter toute la soirée de nos expériences de vie et de sport. Le sport c'est son échappatoire, son oxygène, sa raison d'être. En courant ou sur son vélo, parcourant cette Lozère qu'elle adore, elle dévore la vie à pleines dents. La veille, elle avait participé au triathlon des *Fit Days* de Villefort. Elle partage volontiers ses expériences et ses exploits sur les réseaux sociaux. Nous échangeons nos pages. Nous pourrons ainsi continuer à partager nos émotions.

En vérité, je ne voyage pas, moi, pour atteindre un endroit précis,
mais pour marcher : simple plaisir de voyager.
*Robert Louis Stevenson*

## *Mardi 10 juillet, du Bleymard à Mende.*

J'attaque ce matin ma cinquième semaine. Je suis bien dans le rythme. L'entame d'une nouvelle journée n'est jamais difficile. Mais parfois, à l'opposé, ce sont les derniers kilomètres qui sont les plus durs. Et la notion de « derniers » est parfois toute relative. Je vais m'en rendre compte aujourd'hui.

Les petits matins (frais à 1200 mètres !) sont propices à la flânerie et au papillonnage. Comme à mon habitude, je m'arrête à chaque fois que la nature m'y invite. Une fleur, un insecte, un ru, un petit demi-tour pour être sûr de garder le meilleur souvenir de mon itinéraire et quelques causeries avec des promeneurs du coin. A Orcières, le coq en pierre sur le pilier du portail d'une maison m'interpelle. Ce soir je dormirai à Mende et je n'aurai, je pense, aucune difficulté pour regarder France-Belgique, la demi-finale. Le torrent qui arrose Orcières se nomme l'Orsiérette. Le petit pont de pierres qui l'enjambe se prête bien à l'art photographique. L'eau est claire comme de l'eau de source. Une offrande du Mont Lozère.

« - Elle est polluée, me lance un ancien après un salut convivial, c'est la faute aux agriculteurs, à leurs engrais et pesticides.
D'un coup, il me brise mon monde idyllique que je contemplais avec une forme avancée d'idéalisation d'un lieu enchanteur d'une pureté infinie.
- A la fontaine. L'eau n'est plus potable. » poursuit-il.

Je me demande comment il sait ça, car ladite fontaine porte un panneau *"Eau non contrôlée"*. Comme sur bon nombre de fontaines et lavoirs, au nom du redoutable principe de précaution, les autorités compétentes locales posent cette pancarte pour se dégager de toutes responsabilités en cas de dérangement intestinal des imprudents buveurs ou, plus certainement, pour éviter de se faire pourrir la vie par quelques pénibles procéduriers.

« - Vous voyez cette maison. J'ai vécu ici avec mes parents en 1949. Je n'y habite plus, mais depuis vingt-cinq ans, je la loue chaque été pour y passer les vacances. Je connais tout le monde ici. Enfin, ceux qui restent. »

Il m'invite à prendre un café pour poursuivre la conversation. Je décline poliment car au rythme de mes trois premiers kilomètres, j'arriverai à Mende pour les prolongations ! Je rejoins Saint-Julien-du-Tournel puis Bagnols-les-Bains, deux villages arrosés l'un et l'autre par le Lot, petite rivière à cet endroit. Je les effleure sans les traverser avant de monter vers le petit hameau de Coustat-Crémat. Je croise les dernières maisons avant Mende. Passé le Col de la Loubière, je change radicalement de milieu. Quelle transition ! Les douze kilomètres sur les Causses calcaires de Masseguin, entre 1000 et 1200 mètres, me paraissent bien monotones comparés à ceux parcourus le matin sur les terres granitiques de la montagne de Lozère. Malgré l'altitude, il y fait chaud. Aucune source, aucun ruisseau, juste quelques flaques d'eau croupie dans les trous du chemin. Les restes de l'orage de la semaine dernière.

L'herbe verte fait illusion. Elle ne le restera pas longtemps s'il ne pleut pas. Lorsque j'arrive au sud de Mende, à la Croix Neuve, à 1057 mètres d'altitude, je choisis de descendre par la route D25 qui vient d'être entièrement refaite en prévision du Tour de France. Parions que les trois kilomètres de montée, avec des pourcentages atteignant 13,4%, attireront davantage de public que ma descente (triomphale ?) vers la préfecture de la Lozère.

Il ne me faut pas beaucoup de temps pour rejoindre ma chambre d'hôte rue du Chastel, en plein centre-ville.

« - Vous verrez Laurent, c'est super calme. » me rassure Edmée, compatissante, eu égard à mon état de fatigue bien perceptible.

C'était sans tenir compte du but victorieux d'Umtiti et de la liesse populaire, et sans doute disproportionnée, qui s'ensuivit. Il faut bien que les fans exultent. Le centre historique de Mende a la particularité d'être tellement étendu, que les boulevards qui le ceignent totalisent péniblement 1200 mètres. Forcément, il ne faut guère de temps au joyeux cortège de voitures klaxonnant et motocyclettes pétaradant à tout-va, pour le boucler. Je ne sais combien de tours de ce circuit les supporters vont faire, mais à 23h30, le tintamarre cesse. J'en suis ravi. Ainsi, avec ma fatigue et après l'heureux dénouement de cette journée, je m'endors sans peine, mais après 23h30.

> L'agitation tourne, et l'activité marche.
> *Proverbe français*

## *Mercredi 11 juillet,*
## *de Mende à Rieutort-de-Randon.*

On est en finale ! On est en finale ! Décidément, l'équipe de France de football m'aura volé la vedette. Je pensais être le seul à réaliser un exploit sportif cet été. Ce ne sera pas le cas.

Aujourd'hui, c'est le premier jour de mon deuxième mois de marche. Mon chemin va m'emmener à Rieutort-de-Randon, à dix-huit kilomètres de Mende que je quitte en traversant le Lot sur le Vieux Pont. Je suis vite sorti de la ville. Dans l'axe sud-nord, perpendiculaire à la rivière, la traversée est courte mais la pente est raide. Il ne fait pas très chaud ce matin à Mende. Le thermomètre affiche un petit 13°C et le vent du nord accentue l'effet de froid.

Sur le sentier qui suit la vallée du Rieucros-de-Remenou, en contrebas de l'ex route nationale 106, il est pourtant bientôt 10 heures mais j'hésite à prendre un vêtement chaud. Je cherche le soleil autant que possible. Je croise un couple de vacanciers. Le monsieur, un rando-guide à la main, trouve que les sentiers ne sont pas bien balisés. Il a raison. D'autant plus que la définition de sa carte n'est pas ce qui se fait de mieux. Il me demande quel circuit je fais... Je lui explique. J'en raffole. Non, sincèrement, je m'amuse bien. Mais je ne frime pas. Ce n'est pas le genre de la maison.

Je n'ai pas la grande forme ce matin. Je tape dans le dur. Un petit passage à vide qui n'a rien d'inquiétant mais qui me rend moins sensible aux choses qui m'entourent et me gâche un peu le voyage.

J'ai beau me dire et me redire que c'est le cerveau qui doit commander le corps et non l'inverse, il m'arrive parfois de douter. Lorsque cela survient, souvent en fin de journée, je stoppe le mode contemplatif et je me concentre sur la fin de l'étape. Mais là, nous sommes encore en pleine matinée. Ça ne peut pas être ainsi le matin. C'est interdit. Le mental doit reprendre la main.

Prenons un exemple (vérifié sur le terrain). Si le chemin, la piste, le sentier, que j'emprunte me paraît lancinant, monotone, sans grand intérêt, il est urgent d'en rechercher les causes. Si c'est en fin de journée, sur une longue étape avec 30 °C et après dix heures de marche, d'accord ! Mode survie. Tout s'explique. Par contre si ça arrive en matinée, là, c'est pathologique. Ou alors je deviens de plus en plus exigeant et j'en demande toujours plus à la nature. J'exige des paysages plus grandioses, plus variés, plus frais, plus changeant... Stop ! Ça, ce n'est pas acceptable. On ne peut prendre du plaisir sur le sentier que si on ne lui en demande pas plus que ce qu'il peut donner. Si le paysage ne change pas, il faut se concentrer sur les arbres, les fleurs, les insectes. S'il n'y a pas de fleur, il faut regarder les pierres, les rochers. Même les cailloux ont quelque chose à raconter. Ainsi, il y aura toujours un sujet qui doit accaparer l'esprit et l'amener à un niveau de sérénité suffisamment fort pour être un dérivatif à la fatigue et un antidote à l'ennui.

Au petit hameau de la Colombèche, je tombe le sac à dos près de la fontaine. Il est 13 heures passées et je garde ma casquette pour manger mon sandwich au soleil. A l'ombre il fait trop froid.

Ah, mon sandwich quotidien. Aujourd'hui j'innove. Ce sera un sandwich à la compote de pomme-poire. Original et dégoulinant. On fait avec ce que l'on a.

Alors que je profite de cette pause pour écrire mon histoire du jour, un monsieur d'un certain âge (c'est à dire plus que le mien) gare sa voiture, prend un bâton et sa casquette de randonneur et consulte très longuement sa carte. Il semble chercher un chemin. Je lui propose mon aide. Mon

smartphone, avec ses cartes IGN à toutes les échelles associées au GPS, est infaillible, et bien plus efficace que sa feuille photocopiée. Nous engageons la conversation. Il habite Mende et vient repérer un parcours rando-santé pour son association. Il s'agit de petits circuits de sept à huit kilomètres avec un dénivelé maximum de 150 mètres. Lorsque je parle du mien (de mon parcours rando-santé), il réagit au mot "Poitou" dont j'use généralement pour situer mon point d'arrivée.
« - Ah, vous connaissez Montmorillon ?
- Bien sûr, mon épouse est originaire de Chauvigny. Son père était directeur d'une carrière.
Et il poursuit :
- Vous marchez depuis trente jours. Eh bien, vous semblez en pleine forme. Vous avez bonne mine ! », ce qui, a fortiori pour un gars qui s'y connait en mines, qu'on utilise généralement pour extraire la pierre des carrières, sonne comme un compliment. En tout cas, je le prends comme tel. Et moi qui croyais que j'étais en souffrance. Ça va donc tout de suite mieux. Je poursuis mon chemin et lui, de son côté, part reconnaitre son parcours. Nous nous saluons d'un geste de la main en nous éloignant.

Donc ça va mieux. Ça va même beaucoup mieux sur cette piste en bon état qui vient bientôt tutoyer les 1300 mètres. Quand, tout à coup, sur ma gauche, l'horizon se dégage et me donne, loin derrière un champ de blé encore vert, une première vision très lointaine des Volcans d'Auvergne, au pied desquels je serai lundi prochain. Je me retourne, le Mont Lozère occupe l'horizon. Je vous jure que j'ai versé une larme. Quelle émotion de relier visuellement ces deux repères dont la distance les séparant se mesure en une semaine de marche !

Je m'en remettais à peine, qu'un agriculteur sur son tracteur dans son champ me salue franchement. Il était bien à cinquante mètres de moi. Je lui rends bien évidemment cette marque de civilité que j'apprécie. Quelques minutes plus tard, notre homme, sur son tracteur, me rattrape sur le chemin. Je m'arrête et m'écarte pour le laisser passer quand celui-ci, arrivé à ma hauteur, coupe le moteur et ouvre la porte de sa cabine. Curieux de voir passer un randonneur avec un aussi volumineux sac à dos, il veut en savoir plus.

Exploitant une ferme sur la commune de Rieutort-de-Randon, dont il est aussi conseiller municipal, il me parle de son métier, sa passion, et aussi de son amour du sport. Pour le plaisir, il fait régulièrement des trails de vingt kilomètres autour de chez lui. Nous parlons de l'agriculture en Lozère. De son troupeau de vaches limousines, des moutons qu'il n'y a plus ici en raison des loups (il y avait bien longtemps que je n'en avais pas entendu parler... je prêterai l'oreille jusqu'en Limousin désormais), de l'entretien de la nature, de la rudesse du climat parfois, de la période d'été trop courte pour la végétation ici à 1200 mètres, de la difficulté à rendre exploitable la terre chargée de rochers.

« - Moi, je bois l'eau des sources, même en pleine nature. Elle est meilleure que celle du robinet. »

Il faudrait que je retourne à Orcières pour expliquer ça à mon retraité d'hier.

Il me parle des jeunes agriculteurs qui veulent s'installer ici. Il en est fier. Et bien sûr, il veut savoir pourquoi je fais mon périple, me pose nombre de questions sur les étapes et la préparation. Il est admiratif de ma croisière.

« - Mais, dites-moi, quel âge vous avez ?

- Soixante ans. Je les ai eus le 25 juin à Sisteron.

- Hé bé. Vous ne les faites pas. Je vous donnais 40 - 45 ans maxi.

- Merci. » lui ai-je répondu, flatté.

Bon, cette fois, c'est sûr. Je suis en super forme. Je vais finir l'étape en volant ! Je ne vais plus toucher terre. Qui a dit que j'étais à la peine ? Nous discutons ainsi pendant une bonne demi-heure.
Et quand nous nous sommes quittés, il a conclu avec le plus beau des compliments :
« - Allez bonne route. On a passé un bon moment. » qualifiant ainsi spontanément le plaisir partagé à discuter. Quand je dis que le bonheur est sur le chemin et qu'il est fait de simplicité.

A part ça, la Croatie en finale. Bah, pourquoi pas ?

> Un paysan, c'est un tronc d'arbre qui se déplace.
> *Jules Renard*

## *Jeudi 12 juillet,*
## *de Rieutort-de-Randon à Aumont-Aubrac.*

Direction Aumont-Aubrac. 26 km sont au programme de cette dernière étape en Margeride. Mes petites affaires de conditions physiques ne s'arrangent pas vraiment. J'ai mal dormi, réveillé à 2 heures du matin par une douleur sous le pied gauche. Ce n'est pas la première fois que mes pieds me causent quelques désagréments le soir, avant de dormir, mais c'est une nouveauté que d'être réveillé en pleine nuit par une douleur assez vive. Douche froide, un comprimé anti douleur, une petite séance de jambes en l'air, les talons plaqués au mur et je parviens à me rendormir. La nuit ne sera toutefois pas très réparatrice.

De plus, ce matin, je ressens une contracture en haut du mollet gauche. Cette petite douleur lancinante m'inquiète car elle ne passe pas au fil des kilomètres. Elle n'est pas assez intense pour que je m'arrête mais elle me pénalise physiquement et je crains une mauvaise évolution. Je traiterai ça ce soir à Aumont-Aubrac.

L'étape ne présente aucune difficulté. Le sentier est propre et les montées légères. Je chemine toute la journée entre 950 et 1200 mètres. La température est clémente. Il fait même assez frais le matin. Le vent est moins fort qu'hier. C'est une très belle journée.

En traversant la Margeride, je comprends la nécessité de confier l'entretien de cette nature à ces paysans amoureux de leur métier. Attachés à cette terre, qui les nourrit depuis des générations, ils l'ont façonnée au fil des siècles, toujours en la respectant, à la fois en préservant le caractère sauvage et en l'apprivoisant. D'un point de vue esthétique, cette agriculture raisonnée, non industrialisée, à taille humaine, apporte, par sa pluralité et les contrastes saisonniers qu'elle crée, de la beauté aux paysages. Je redécouvre ici, avec délice, une partie de mon enfance à la ferme. On s'emploie à rentrer le foin. J'aime cette odeur caractéristique de l'herbe coupée qui sèche au soleil et qui me rappelle de bons souvenirs, lorsque la fenaison réunissait les bras, autrefois.

Je reconnais aussi une autre odeur que j'avais oubliée. Les routes et les chemins sont constellés de bouses de vaches plus ou moins sèches. Je fais attention de ne pas glisser sur l'une d'elles pour éviter de me retrouver assis sur une autre. La situation serait fâcheuse à plus d'un titre.

Chaque vallon exploitable a été grignoté sur la forêt qui garde pour elle le sommet des collines et de nombreux espaces trop enrochés. Les hommes ont arraché au sol les blocs granitiques et les ont déplacés jusqu'en limite des parcelles, formant ainsi des murs discontinus et irréguliers. Parfois, ils les ont concentrés dans des tas définitivement perdus. Dans quelques millénaires, les hommes, s'il en existe encore (!), se demanderont peut-être à quel dieu étaient destinées ces constructions sommaires faites d'amas de rochers.

La pierre omniprésente est aussi utilisée pour réaliser les clôtures. Tout le long des chemins, on trouve des poteaux de granit aux formes irrégulières sur lesquels sont fixés les barbelés. Ces barbelés sont partout. Sur deux ou trois rangs, ils délimitent les parcelles. On en viendrait à se demander si ce sont les vaches qui sont parquées dans leur enclos... ou les randonneurs sur leur sentier. Peut-être bien les deux finalement. En Margeride, les sources et les ruisseaux sont nombreux. Chaque hameau a ses fontaines où il est bon de se désaltérer. Le sapin, le pin sylvestre, l'épicéa, le mélèze et le hêtre sont les espèces que l'on trouve le plus régulièrement. S'y ajoutent les bouleaux que j'avais remarqués entre Mende et Rieutort-de-Randon. Ces arbres ont payé un lourd tribut aux neiges de mai. Nombreux sont ceux dont les branches se sont brisées sous le poids de ce lourd manteau tardif.

Je dépasse un ancien qui marche lentement. Il se plaint que le beau temps ait mis trop longtemps à venir cette année et qu'il ne va pas durer assez pour permettre la deuxième coupe. Avec son accent lozérien et son parler local, je ne comprends pas tout ce qu'il me raconte. En substance, j'en retiens *"qu'il n'y a plus de saison, mon pauvre ami !"*.

Aux Pigeyres Basses, j'accompagne un troupeau de Montbéliardes qui sortent tranquillement de la traite pour retourner au pâturage. Il y a là deux petites filles qui suivent à pied. L'agriculteur, lui, est en camionnette, vitre ouverte. Au rythme où avancent les laitières, on a le temps de discuter. Les vaches, mieux que nous, savent faire l'éloge de la lenteur. Lui, se plaint du prix d'achat du lait. Il a raison. Je partage cette honte. Intrigué par mon sac, il me demande où je vais.

« - Dans le Poitou. Mais aujourd'hui je vais à Aumont-Aubrac.

- Le Poitou, mais c'est loin. Alors il faut prendre le chemin à droite à cinquante mètres. Et vous n'aurez pas besoin de remettre les ficelles en place. Pas de problème. Et vous venez de loin ?

- De Menton. Je suis parti le 12 juin. »
M'a-t-il pris pour un fou ?

Je remets en place la ficelle bleue servant à guider les vaches. J'avance vers ma destination sans croiser personne. J'ai toujours cette contracture au mollet. Ce n'est pas le top.

A l'approche d'Aumont-Aubrac, dans le dernier kilomètre, mon GR de Pays rejoint le GR 65. C'est la « Via Podiensis », la voie du Puy, le chemin de Saint-Jacquesde-Compostelle par excellence, classé au Patrimoine Mondial de l'Humanité. Il part de Notre-Dame du Puy-en-Velay et va à Santiago de Compostela. Je me retrouve ainsi parmi un groupe conséquent de pèlerins de tous âges pour terminer ma journée.

Aux « Sentiers Fleuris » où j'ai réservé une chambre d'hôtes, je suis accueilli par Olivier. Je lui confie mes problèmes de chaussures usées que je suspecte fortement d'être à l'origine de mes douleurs musculaires. Il me conseille un magasin de randonnée qui propose des articles de qualité. J'avais bien prévu de passer lundi prochain à ma deuxième paire de chaussures que mon épouse m'a expédiée à Murat, mais il me paraît impossible de tenir encore quatre jours dans les conditions actuelles.

Je passe d'abord par la pharmacie pour prendre une pommade décontractante sur les conseils de mon ami Jean-Marie, médecin de son métier, et véritable assistant tout au long de mon voyage. Il m'apportera un vrai soutien et de précieux conseils comme aujourd'hui. Il me confirme que mes chaussures à bout de souffle et dont la semelle écrasée ne joue plus son rôle d'amortisseur, sont vraisemblablement la cause de mon souci.

La boutique de sport Aubrac Rando, où je trouve le bon conseil et une paire de chaussures presque sur mesure mérite bien qu'on lui fasse un peu de promotion. Chaque année, jusqu'à trente mille personnes prennent le Saint-Jacques au Puy-en-Velay. Parmi eux, des pèlerins amateurs partent la fleur au fusil avec des équipements approximatifs. On peut marcher en sandales ou en baskets, mais des chaussures de randonnée sont préférables sur de longues distances. Les 90 km qui séparent Le Puy d'Aumont-Aubrac laissent le temps aux pèlerins d'apprécier si leurs chaussures sont confortables. Sinon, il y a Aubrac Rando. On mesure ici combien le succès du chemin jacquaire contribue à la survie de l'économie locale en favorisant le maintien de commerces, de services publics et d'emplois, freinant ainsi la terrible désertification rurale.

La table d'hôte est servie collectivement à 19h15 précises. Le chemin jacquaire exige ordre et discipline. Sur mon chemin de solitaire, jusqu'à présent, c'était plutôt liberté, anarchie et désordre. Très souvent, je fixais l'heure du repas, en accord avec mes hôtes, bien évidemment. Ceci étant, 19h15, c'est parfait !

Je me retrouve ainsi dans un petit réfectoire avec deux grandes tables. Nous sommes dix à diner. Je prends place à l'une d'elles avec quatre pèlerins plutôt jeunes. Olivier nous sert l'apéritif, le quart de rouge et le repas constitué de l'inévitable et nourrissante spécialité locale : l'aligot et sa saucisse. Cette soirée fut une nouvelle fois d'une richesse inédite pour moi. Et j'espère aussi pour mes compagnons d'un soir. J'ai tellement de choses à écouter et tant à raconter. Trop sans doute.

*L'extraordinaire se trouve sur le chemin des gens ordinaires.*
*Paulo Coelho*

## *Vendredi 13 juillet, de Aumont-Aubrac à Fournels.*

Aumont-Aubrac sera-t-il un nouveau départ, une relance ? Je m'apprête ce matin à démarrer avec ma nouvelle paire de chaussures. S'engager sur une rando, même légère, avec des chaussures neuves fait courir le risque d'ampoules à coup sûr ou presque. Mais je n'ai pas vraiment le choix.

Auparavant, je retrouve le matin, au petit-déjeuner, mes amis de la veille au soir. Jules et sa sœur Martha, de jeunes Lillois d'à peine vingt ans, s'apprêtent à faire une étape de plus sur le Chemin de Saint-Jacques. Léonor est professeur de géographie à Marseille. Elle me propose de venir parler de mon périple à ses élèves. Elle apprécie ma façon de raconter ma perception des régions de France que j'ai traversées. Une géographie vivante et animée. J'en suis flatté, mais je doute que mon histoire les intéresse réellement.

Aujourd'hui j'ai vingt-deux kilomètres à parcourir, toujours en Lozère. Je vais rejoindre Fournels en traversant l'Aubrac. Je vais évoluer toute la journée entre 950 et 1300 mètres, ce qui devrait rendre la température agréable.

Après une application préventive et minutieuse de pommade décontractante sur mon mollet gauche, je chausse mes nouvelles Keen. Partir avec des chaussures neuves, c'est un peu comme essayer une nouvelle voiture. On passe la première heure à vérifier tout ce qui pourrait clocher ou, au contraire, donner de bonnes sensations. Je vais être rapidement rassuré. Je suis bien... et je ne ressens plus de douleur au mollet ! Ô miracle !

Au premier chemin, je me rends compte que je peux enfin marcher sur les cailloux sans les sentir sous le pied. Le grip est super. Je ne glisse plus en descente. C'est une nouvelle vie qui commence ! Mais comment ai-je pu conserver aussi longtemps ma vieille paire usée ? Je me dis que j'ai eu un mérite certain à faire les 200 derniers kilomètres avec. Et il y a fort à parier que mon coup de fatigue récent, tout autant que cette contracture au mollet, était la conséquence directe de cette usure. Il y a un enseignement à tirer de cette histoire : c'est que le matériel qu'on doit choisir et utiliser pour réaliser des opérations hors du commun se doit de répondre à un niveau d'exigence élevé.

Au bout de 5 km, je resserre mes lacets. Il n'y a ni frottement, ni échauffement. Tout va bien. Le risque d'ampoule est faible.

Le GRP du Tour des Monts d'Aubrac que j'emprunte jusqu'à Termes est agréable et facile. Quelques petites montées légères permettent de garder la forme. La partie la plus intéressante est hélas assez courte. Elle se situe entre les hameaux du Chambon et de Vareilles où le sentier remonte la Rimeize. Et finalement, à un rythme beaucoup plus élevé que je ne pensais le faire, je vais rallier Fournels. Il est 16 heures et je n'ai pas attrapé d'ampoule. Je vais en profiter pour récupérer un peu mieux ce soir.

Ah oui ! Il me faut à cet instant préciser que depuis mon départ de Menton, ma montre a comptabilisé plus d'un million de pas (1 011 751 pour être exact). A 70 cm le pas, faites le compte !

> Si tu as peur, marche droit sur l'objet de ta peur.
> *Proverbe cambodgien*

## *Samedi 14 juillet, de Fournels à Grandval.*

Les étapes se suivent et ne se ressemblent pas. Pour cette journée de fête nationale que j'ai complètement banalisée, je dis au revoir à la Lozère et bonjour au Cantal. Ce changement de département se déroule dans le cadre magnifique des gorges du Bès. J'attaque cette matinée tambour battant. J'espère ainsi échapper à une nuée orageuse venant du sud-ouest. Il n'en sera rien car vers 10 heures je dois me résoudre à enfiler mon poncho, ne sachant pas quelle intensité aura l'averse qui arrive. Dix minutes plus tard, je le remets dans le sac. Il s'agit là des premières gouttes d'eau reçues en randonnée depuis le 20 juin dans les Alpes-Maritimes. Je n'ai pas à me plaindre. Très vite, le soleil s'impose et la température remonte.

Les gorges du Bès, que je découvre à Arzenc-d'Apcher, sous la pluie, constituent le premier site escarpé rencontré sur mon chemin depuis fort longtemps. J'avais oublié ce qu'était une petite montée bien raide. Le Bès, né sur les plateaux de l'Aubrac vient mourir dans la retenue d'eau du barrage de Gabarit-Grandval près duquel se trouve ma prochaine halte. Pour bien découvrir ces gorges, il aurait été préférable que j'emprunte le sentier des Espagnols, côté Cantal. Mais cela aurait rallongé mon chemin de quelques kilomètres et les vingt-quatre du jour me suffisent amplement. Le nom donné à ce sentier rappelle qu'à la fin de la première guerre mondiale, des prisonniers de guerre creusèrent la conduite d'eau souterraine qui amène les eaux du Bès, du barrage de Valiette jusqu'à l'aplomb de la centrale électrique du Vergne.

Avant de passer au-dessus de cette petite centrale électrique dont la modeste production alimente une usine de Saint-Chély-d'Apcher, avant d'emprunter, ce soir, le barrage de Grandval (144 MWh/an), avant de traverser bientôt la Dordogne, sous l'imposante retenue de Bort-les-Orgues (400 MWh/an), j'ai traversé hier l'unique champ d'éoliennes que je trouverai sur ma route. Au Truc de l'Homme, le GRP passe au pied de ce parc inauguré en 2015 après plus de dix ans de polémiques. En marchant, à lenteur d'homme, vous avez le temps de les dévisager, de les analyser, de les écouter gémir, avant d'être écrasé par ces géantes dont je ne peux que reconnaitre la laideur absolue malgré les efforts des constructeurs pour les rendre esthétiques. Je suis partagé entre le sentiment d'un paysage gâché, que je préfèrerais voir préservé de ces balafres industrielles, et la nécessité d'assurer cette transition écologique que nos enfants nous reprocheront d'avoir ratée. Je suis tiraillé entre cette nécessité de développer le recours à des énergies renouvelables et les dessous moins reluisants de ces opérations. J'oppose la manne bienvenue pour les communes bénéficiaires, en mal de dotations d'Etat de plus en plus exsangues, aux intérêts des industriels et groupes financiers, français et étrangers. Ces sept turbines produisent 11 690 kWh. Il en faudrait 325 749 pour égaler Grandval et Bort-les-Orgues réunis. C'est quatre fois plus que la population de la Lozère ou encore 63 éoliennes par km$^2$. Mais ça n'a rien à voir, bien évidemment !

La bonne volonté raccourcit le chemin.<br>
*Proverbe brésilien*

## *Dimanche 15 juillet, de Grandval à Paulhac.*

En ce jour de finale, l'important est de rallier Paulhac avant seize heures afin de pouvoir se mettre dans de bonnes conditions pour l'échéance attendue dans la plupart des foyers de France à dix-sept heures.

J'espère, sans en être certain, que le Wifi en théorie disponible dans ma chambre d'hôte aura un débit suffisant pour que je puisse regarder la finale sur ma tablette. A vrai dire, la présence d'un téléviseur n'était pas un critère de sélection de mes hébergements. Bien au contraire. Et je suis plutôt fier d'avouer que, depuis mon départ le 12 juin, je n'ai jamais allumé le petit écran, lorsque j'en disposais d'un. Non seulement je n'en éprouve pas le besoin, mais, je découvre que la vie sans télévision est un grand bonheur et une reconquête de ma liberté. Une vraie dépollution de l'esprit.

Pour autant, une finale de Coupe du Monde tous les vingt ans reste un événement exceptionnel que je n'ai pas envie de rater. Je mets donc le turbo dès mon départ de Grandval et je vais suivre l'itinéraire que j'ai déjà optimisé pour rester sous les 26 kilomètres. Si certaines portions empruntent de petites routes du Cantal qui ne sont guère passagères, d'autres sentiers sont de véritables chemins noirs où la végétation estivale a pris ses aises. Il me faut ouvrir le passage parmi les herbes hautes qui se referment derrière moi. Force est de constater que si certains circuits à vocation plus touristique ont les faveurs des communes ou des communautés de communes qui les entretiennent régulièrement, conscientes que le tourisme vert est une ressource à ne pas négliger, d'autres sont laissés dans un état proche de la forêt vierge. Je me fraie donc un passage en évitant soigneusement de me frotter aux ronces, églantiers et autres orties dont un des vices premiers est de se fondre parmi les autres plantes afin de vous piquer pernicieusement alors que vous n'aviez pas remarqué leur présence. Mais il faut que j'assume sans me plaindre. Tout d'abord parce que je suis tout seul en ces lieux ou parfois seulement accompagné de quelques vaches, qui je pense, resteront insensibles à mes jurons. Ensuite parce que cet itinéraire, c'est bien moi qui ai pris le temps de le tracer et que je n'étais pas sous contrainte pour le faire. Il faut donc que j'accepte de me gratter les jambes le soir, là où les orties ont commis leurs bénins méfaits.

Je parcours cette route sans rencontrer personne et ne m'accorde qu'une petite pause fraîcheur à l'ombre de l'église de Tagenac. Je ne peux toutefois résister au plaisir de faire une nouvelle fois l'éloge de la lenteur en prenant en photo un superbe gastéropode qui n'a aucunement été perturbé par ce casting improvisé dans son cadre naturel. Un bel escargot de Bourgogne trouvé sur la mousse d'un sentier ombragé et humide en me rappelant qu'avec son seul pied, il parcourt environ un millimètre par seconde et qu'en aucun cas il ne sait faire de marche arrière. J'aime bien l'idée de m'identifier à ce lent animal qui ne fait pas de bruit et peut passer à peu près partout sans jamais reculer. Je sais, il bave aussi !

J'arrive à Paulhac à 15h30. Belle performance ! Le Wifi ne fonctionne pas. Ou si peu. Vais-je être privé de finale ? Je commence à me faire à cette éventualité qui, au demeurant, n'a rien de dramatique, quand mon hôte, à défaut de me proposer de regarder sa propre télévision, émet l'idée de demander à deux autres de ses locataires du jour s'ils accepteraient de m'emmener avec eux pour que je puisse regarder le match là où ils ont prévu d'aller. Je n'en sais pas plus. Ils passent au gite déposer leurs bagages et repartent. Me voici donc pris en charge par Guy et Brigitte qui m'emmène au château de Perpezat à quelques kilomètres.

Il ne manque même pas la bière à cette conviviale fanzone improvisée. J'opte pour une blanche brassée en Auvergne, soucieux de consommer des produits locaux en circuit court.

La suite heureuse est connue de tous. Je dois toutefois reconnaître que mon enthousiasme est moins débordant qu'en 1998. Mais c'était en France, c'était la première étoile, j'avais vingt ans de moins et je n'étais pas déconnecté comme je le suis aujourd'hui. Toujours est-il qu'il me faudra trouver un drapeau tricolore pour l'accrocher à mon sac.

Un brin opportuniste, je profite du buffet dressé dans les jardins de la belle demeure de vacances de la propriétaire des lieux qui dans la conversation, m'a précisé bien connaître Montmorillon. Elle y est venue rendre visite à des amis à la maison de retraite de l'hôpital. Décidément, le monde est bien petit. Ma présence parmi cette famille de la région parisienne réunie au château ce week-end pour fêter un anniversaire est bien surprenante. Mais je crois, sans prétention, que mon aventure a fait de moi un invité surprise atypique. Je m'efforce, en tout cas, d'être agréable et avenant.

Autant chemine un homme en un jour qu'une limace en cent ans.
*Proverbe français*

## *Lundi 16 juillet, de Paulhac à Murat.*

On nous annonce une journée de pluie. Jusqu'à présent, je suis, le plus souvent, passé à travers les gouttes. Mais cette fois ça risque d'être plus sérieux. Je me suis préparé à ces prévisions pessimistes en plaçant en haut de mon sac les vêtements adaptés. Il ne pleut pas lorsque je quitte Paulhac mais le ciel s'assombrit au sud-ouest. Je force l'allure en espérant échapper le plus possible à la pluie. A la vitesse à laquelle je marche, c'est insensé de penser que je vais aller plus vite que les averses.

Finalement j'essuierai une petite ondée vers 10 heures. Elle ne durera pas plus d'un quart d'heure. Mais le vent du nord-ouest souffle de plus en plus fort, et, pour la première fois j'ai vraiment froid. Je quitte le poncho, devenu inutile, et enfile ma veste Goretex que je n'ai jamais portée depuis ma préparation en avril. Je traine ses 850 grammes dans le sac à dos depuis Menton. Aussi, suis-je content de l'utiliser au moins une fois. J'ai l'impression d'être ainsi récompensé de mes efforts. Je ne la quitterai pas jusqu'à mon arrivée à Murat.

Au Bois des Fraux, j'hésite entre monter au Col de Prat de Bouc ou prendre le raccourci par Lescure et le Ché, tant le ciel est menaçant. Finalement, je reste fidèle à mon itinéraire initial. Je ne peux pas me priver de cette plus haute étape dans le Cantal. Le point culminant est à 1490 mètres, au Puy de Niermont, peu avant de redescendre à Prat de Bouc. Au sud, il pleut. C'est sûr, l'état du ciel que j'observe depuis les hauteurs le confirme.

Je ne perds pas de temps à Prat de Bouc où je ne croise personne si ce n'est quelques touristes qui descendent de leur auto pour s'engouffrer dans le restaurant. Pour ma part, je vais manger mon sandwich en marchant sur la route qui mène à Albepierre-Bredons. Une première, manger en marchant.

Ce n'est pas une journée à contempler la nature. Les conditions météos ne sont guère favorables. Toutefois, je ne peux résister à m'arrêter de marcher, un instant, devant ces fleurs blanches sur le bas-côté de la route. L'angélique et la reine des prés me rappellent, avec le bruit et la pollution en moins, l'éclatement des fusées du feu d'artifice que je n'aurai pas vu cette année. Les premiers créateurs des effets pyrotechniques ont dû s'inspirer de la nature.

Cheminant sur le GR 400, je n'en finis pas de contourner Murat que je surplombe. De ce belvédère, j'ai tout le temps d'admirer la cité cantalienne jusqu'à Bredons et sa remarquable chapelle romane Sainte-Thimotée du XI$^{ème}$ siècle.

Et me voici à Murat, haut lieu de la randonnée vers les volcans d'Auvergne, où je boucle ma cinquième semaine de marche. La fatigue se fait sentir. Il me faudra puiser dans les ressources mentales et vivre avec la perspective du succès final, pour compenser les nombreux petits signes de défaillance physique qui s'accumulent. Allez, encore un effort, j'y suis presque !

Je récupère ma deuxième paire de chaussures expédiée par Béatrice. Mais je vais la renvoyer demain. Je garde mes Keen.

Marcher vraiment, c'est aller au rythme de la fleur qui s'ouvre.
*Michel Jourdan*

## *Mardi 17 juillet, de Murat à Ségur-les-Villas.*

Ma destination du jour sera Ségur-les-Villas. Un bien joli nom pour cette petite mais dynamique commune de la vallée de La Santoire située à mi-chemin entre Riom et Murat. Je quitte Murat par le nord en direction de Chastel sur Murat, ce qui me donne l'occasion d'admirer de beaux panoramas, au soleil levant, sur la ville et Notre-Dame-de-Haute-Auvergne perchée au sommet du Rocher de Bonnevie à 984 mètres.

A Giou, sur un chemin étroit, sans échappatoire, je me retrouve face à face avec un troupeau composé d'une seule vache et de nombreux veaux. Ce sont des Salers. Me voyant embarrassé, le paysan, casquette vissée sur la tête, bottes en caoutchouc aux pieds et bâton de noisetier à la main, passe devant ses bêtes et vient à ma rencontre. Nous échangeons quelques mots et je le suis pour remonter le troupeau. La vache joue le rôle de nounou et assure l'encadrement des jeunes veaux encore un peu fous.

« - Sans elle, ils vont partout et ils se perdent. », me précise-t-il.

J'admire cet agriculteur à l'ancienne pour l'attention qu'il porte à son modeste élevage. Il pourrait bien faire partie des derniers représentants d'une agriculture vouée à disparaitre si on s'en réfère au modèle agricole dominant en France depuis les années 1960. Depuis cette époque, les plus petites fermes, jugées improductives, non concurrentielles, dépassées, doivent disparaitre. Modernité oblige, soit elles s'agrandissent, soit elles meurent. Un tiers des petites fermes a ainsi disparu au cours des sept premières années du XXI$^{ème}$ siècle.

Et le déclin se poursuit encore aujourd'hui avec la disparition de petites exploitations à un rythme huit fois plus élevé que celles des moyennes et des grandes. Ces petites fermes à taille humaine subsistent essentiellement en milieu montagnard ou en zones défavorisées, comme ici. Ce sont les oubliées de la PAC, peu comptées dans les statistiques comme dans le calcul des aides distribuées.

Pourtant, ce sont ces fermiers-là qui entretiennent le mieux un paysage agricole plus diversifié, participent au maintien d'un tissu économique rural, veillent à l'entretien des terres, des pâturages, retiennent les populations dans les zones défavorisées, et augmentent les chances de respecter la biodiversité. Ils sont aussi créateurs d'emplois, bien plus que les grandes exploitations à l'échelle des surfaces exploitées. Ils produisent plus avec moins, exploitent la moindre petite parcelle disponible, adoptent une stratégie consistant à diminuer leurs charges autant que possible. Leur modèle pourrait bien être celui que toute l'humanité devrait retenir pour sauver la planète de l'inéluctable déclin dans lequel elle est entrée. Un vrai modèle écologique en somme.

A aucun moment, durant mon périple, je n'ai eu le sentiment de rencontrer des agriculteurs malheureux. Mais ces gens-là ne se plaignent pas auprès du premier venu. Bien au contraire, ils affichent volontiers leur amour de leur métier, de la terre, de leurs troupeaux, de la nature et ont à cœur d'en montrer les plus belles facettes. Le malaise, les souffrances, la déchéance calculée, sont intériorisés par amour propre. Ils n'en sont que plus destructeurs.

Mon souci du jour, comparativement, est bien anodin. Il se trouve que mon petit orteil droit me fait de plus en plus souffrir. Est-ce un problème d'ongle ou le frottement sur ma nouvelle chaussure ? En tout cas, je ne vois pas d'ampoule. Chaque pas est douloureux. Au huitième kilomètre, je n'y tiens plus. Je m'assieds sur une pierre au beau milieu des paysages de tourbières des Fraux et je décide d'opérer. Chirurgie de guerre pour un petit bobo. J'extirpe ma trousse à pharmacie de mon sac. Ciseaux, éosine, gaze, sparadrap... Je charcute, désinfecte et panse. Et je desserre le laçage de ma chaussure. Je repars. J'ai moins mal mais si peu. La journée sera quand même synonyme de grosse galère. 25 bornes à avoir plus ou moins mal à chaque fois que le pied droit touche le sol, ça revient à avoir mal continuellement. Je serre les dents ! A la guerre comme à la guerre !

A propos de guerre, il y a des éléments du patrimoine qui attirent systématiquement l'œil dans chaque hameau que je traverse : les fontaines, les lavoirs, les églises et chapelles, les croix remarquables ou très anciennes, les demeures typiques. Ceux-là invariablement je les retrouverai peu ou prou dans mon album photos. Il y en a aussi que je regarde sans les photographier. Le regard que je leur porte est différent. Il s'agit des monuments aux morts érigés, pour la plupart, au lendemain de la première guerre mondiale et sur lesquels sont gravés les noms des enfants du pays victimes de l'effroyable boucherie. Je ne les vois pas comme un élément remarquable du patrimoine. Ces cénotaphes sont, à mes yeux, trop proches d'un passé douloureux pour que j'en perçoivent la valeur architecturale. Ils sont lieux de mémoire et de recueillement. Ils sont encore trop dans notre quotidien pour entrer dans l'Histoire. Je vais toutefois faire exception pour celui de la commune de Chavagnac que je traverse vers treize heures. Celui-là est particulièrement imposant et la phrase "On les a eus" sous le buste du soldat m'interpelle. Au-delà du « s » final qui permet de disserter sur la richesse et les subtilités de la grammaire française quant à la règle du complément d'objet direct placé avant le verbe avoir, je fais le lien avec cette victoire de l'équipe de France avant-hier. On les a eus aussi, les Croates, contre qui nous ne retenons aucun grief au demeurant, voire que nous estimerons encore bien plus après les avoir battus. Qu'il est bon de vivre dans un pays en paix et de voir tous ces drapeaux tricolores brandis à l'occasion de matchs de football, fussent-ils de niveau mondial ! Je me dis que dans moins de quatre mois, la France va fêter le centenaire de la victoire de la première guerre mondiale et honorera tous ceux, innombrables, dont le nom est gravé sur ces monuments. Si mon chemin me fait mal aux pieds, cette souffrance-là, pour autant que je puisse me permettre de le faire, est infime comparée à celles endurées par ceux qui ont fait, un siècle plus tôt, d'autres chemins, des Dames ou d'ailleurs, et qu'ils en soient revenus ou non. Tout au plus, pourrais-je la comparer avec celle de quelques pèlerins du temps jadis.

« *Hier comme aujourd'hui, les pieds finissaient par constituer un puits de souffrances sans fond : plaies suppurantes, crevasses douloureuses. Le rituel du lavage des pieds du pèlerin, au moment de son accueil dans un monastère, en plus de la dimension d'humilité christique, rappelle que c'était l'objet de soins par excellence. Au-delà du témoignage de sa foi et de l'expiation de ses fautes, on marche aussi pour demander. Qu'on ait un parent, un enfant, un ami malade, ou qu'on souffre soi-même d'une maladie grave, on part demander l'intercession d'un saint en se rendant à son tombeau, comme si la simple oraison était insuffisante et qu'il fallait adresser plus directement sa prière, faire en sorte que sa voix résonne sur le tombeau. Mais cela suppose de marcher longtemps avant, afin de ne s'approcher du lieu sacré que purifié par la peine et l'effort. Car la fatigue purifie, détruit l'orgueil.* » écrit Frédéric Gros dans *Marcher, une philosophie.*

Mais quelle faute ai-je à expier ? Quel saint ai-je à prier ? Quelle purification suis-je en train de rechercher ?

A Ségur-les-Villas, ville autrefois romaine, Violette, qui m'accueille chez elle, m'explique que le maire travaille bien. La commune est pourvue d'une salle polyvalente très prisée de 120 places, d'un stade de foot aux normes européennes, de deux stations d'épuration et, le summum, elle est desservie par la fibre optique. Je la soupçonnerais presque d'être élue. Elle connaît d'ailleurs très bien le nombre de votants (460) mais pas le nombre d'habitants. On ne peut pas se souvenir de tout. Ah, la fibre optique, quand même ! Mais dans ma chambre d'hôte, je n'ai aucune réception pour mon téléphone et pas de Wifi non plus. Je n'allume pas la télé. Question de principe. En bon pèlerin aux pieds meurtris, après les soins, je vais pouvoir faire vœu d'abstinence numérique et dormir de bonne heure.

>Jamais on n'a vu marcher ensemble la gloire et le repos.
>*Chamfort*

## *Mercredi 18 juillet, de Ségur-les-Villas à Condat.*

Je vais retrouver une vieille connaissance pour aller à Condat. Le GR 4, que j'ai laissé en Ardèche, croise à nouveau ma route. Violette me propose aimablement de m'emmener en voiture jusqu'à Saint-Saturnin pour me déposer sur le GR. Il y en a qui font ça ? Bien évidemment, je la remercie et je lui explique que monter dans une automobile pour faire ne serait-ce que cinq kilomètres serait synonyme de disqualification immédiate.

Mon petit orteil est tout autant douloureux qu'hier au contact de ma chaussure. La journée va être longue même avec la modeste distance à parcourir (23 km). Il fait plus chaud qu'hier. Ça, je ne m'en plains pas. Hier, je cherchais le soleil pour marcher tant le vent était soutenu et frais et d'autant plus marqué que la plus grande partie du parcours se fait à une altitude supérieure à mille mètres. En théorie, qui dit GR, dit affluence sur le sentier. Je n'avais croisé personne les trois jours précédents. Sur cette étape, j'ai pu échanger quelques mots avec des randonneurs. L'un faisait une partie du GR4 pendant deux semaines, les autres le tour de d'Auvergne. Quel que soit le périple, un sac à dos bien chargé est un signe de ralliement et de communion d'esprit.

Sur le sentier caillouteux, j'apporte une attention particulière à poser mon pied droit bien à plat. Chaque mouvement de travers accentue le contact avec la chaussure et la douleur qui l'accompagne. Après avoir passé toute la première partie du voyage à chouchouter ma cheville gauche, il me faut maintenant me concentrer sur mon pied droit.

Je n'oublie pas pour autant de me délecter de succulentes framboises sauvages dont la taille est identique à celles de nos jardins.

En arrivant à Condat, je décide de quitter mes chaussures de marche pour prendre mes sandales. Celles que je porte le soir. Mon pied respire, mais dès que je remets mon sac sur les épaules je me rends compte à quel point ces chaussures légères sont totalement inadaptées. Qu'importe, je reste ainsi pour faire quelques courses avant de rejoindre ma chambre d'hôtes au Veysset à 3 km et 250 mètres plus haut. Ce soir, pas de table d'hôte. Je fais cuire des pâtes que j'avais dans mon sac depuis Malaucène. Des sucres lents, c'est idéal pour affronter la dernière grosse étape de 32 km qui m'attend demain.

Mon hôte, Véronique, fait le rapprochement entre mon périple et celui d'Axel Kahn. En 2014, il a fait escale ici. Elle en parle comme d'un moment fort pour lequel elle nourrit encore quelques regrets de n'avoir pas fait mieux pour le recevoir. En dehors de mes premières étapes qui furent pour lui les dernières de son voyage, je partagerai avec lui, en sens inverse, celle de demain qui va m'emmener à Bort-les-Orgues, encore que je ne sois pas certain que nous ayons emprunté les mêmes sentiers. J'espère, à l'heure de me mettre au lit, que mon pied sera moins douloureux. Je l'ai soigné avec un pansement double-peau.

Je négocie un petit-déjeuner à 7h30 pour partir plus tôt.

> Il vaut mieux suivre le bon chemin en boitant que le mauvais d'un pas ferme.
> *Saint Augustin*

## *Jeudi 19 juillet, de Condat à Bort-les-Orgues.*

Je voulais partir tôt pour ne pas arriver trop tard à Bort-les-Orgues. Mais il n'en sera rien. Véronique a envie de discuter au petit-déjeuner, que je prends d'ailleurs seul, en sa présence. Nous revenons sur la visite dans ses murs d'Axel Kahn et aussi sur le passage par Condat de Sylvain Tesson et la description peu élogieuse qu'il en fait dans son livre « *Sur les chemins noirs* ». Véronique n'apprécie guère qu'il ait collé à Condat cette image de « deuil national ». S'il n'est pas agréable, en effet, de lire un auteur de grande renommée peindre sa ville de façon aussi noire, il n'en est pas moins vrai que Condat, a fortiori un 30 septembre lorsque Tesson l'a traversée, devait donner une impression de grand calme, si on est positif, ou de grand vide, s'il on l'est moins. Comme tant d'autres bourgades qui voient leur population et, par conséquent, leur activité diminuer de façon dramatiquement régulière depuis des décennies, on ne peut que constater que c'est ailleurs qu'on trouvera le dynamisme, l'animation, la croissance, la jeunesse et l'avenir. On accusera à coup sûr la politique menée depuis des années au nom de la modernité, de la recherche de rentabilité dans tous les secteurs de l'économie, de l'optimisation des moyens et des ressources, et on aura raison. Le monde rural est bel et bien abandonné et ce n'est pas l'arrivée promise du haut-débit dans toutes les maisons des petites communes qui le sauvera de son lent déclin. Tout juste pourra-t-il faciliter l'achat du dernier smartphone fabriqué en Chine, par l'intermédiaire d'un géantissime site international d'achat en ligne.

Il fera transiter le petit colis dans le monde entier avant qu'il n'arrive dans une camionnette jaune conduite par un homme ou une femme qu'on appelle préposé(e) et qui semble bien être le dernier trait d'union humain dans cette longue chaîne anonyme et déshumanisée. Un jour, même cet ultime maillon sautera, lorsque l'objet commandé à l'autre bout du monde sera livré par un drone. Tout au long de mon périple à travers ces régions parmi les moins peuplées de France, s'il y a un point commun que j'ai retrouvé de nombreuses journées, c'est bien la voiture de La Poste. La remarquable voiture jaune conduite par le facteur dont le rôle ne se limite pas à déposer ou ramasser le courrier. Pour nombre de personnes âgées isolées, il demeure l'interlocuteur privilégié, parfois l'unique personne qu'elles verront dans la semaine. Un petit mot, quelques nouvelles échangées, un café avalé vite fait, ou encore les petits services, dits de mission non-dite, qui consistent à apporter les médicaments préparés par l'unique pharmacie du canton à 20 km d'ici ou quelques courses pour dépanner. Chaque jour quand je croise la voiture jaune dont, parfois, le porte-à-porte est synchronisé avec mon cheminement, je ne manque pas d'adresser un salut amical au facteur. Il me vient parfois l'idée saugrenue que c'est le même que la veille et l'avant-veille. Je me rappelle alors l'importance de Richard, le facteur de ma mère, dans les dernières années de sa vie. Les normes exigeaient une boite aux lettres en bord de route, mais Richard ne l'utilisait pas. Il faisait à pied les trente mètres qui séparait sa voiture jaune de la porte de la maison pour venir dire quelques mots à ma mère et s'assurer qu'elle allait bien. On n'oublie pas ces gestes-là !

Véronique, qui profite bien-sûr elle aussi d'internet pour la réservation de ces chambres d'hôtes, avait interpellé Axel Kahn sur cet abandon programmé, voulu, de la ruralité, espérant qu'il en ferait le relais en tant que personnalité influente. Il n'en a point parlé dans son livre, préférant, comme moi bien souvent, décrire ses repas avec ses hôtes de façon plus enthousiaste, plus positive.

Ayant traversé Condat hier soir vers 17h30, je comprends l'analyse sévère de Sylvain Tesson, et je reconnais que la liesse populaire qui avait embrasée la France dans ses moindres recoins dimanche dernier était bien retombée. J'ai bien évidemment vu quelques habitants à la supérette, croisé deux jeunes filles dans la rue et deux gars à la terrasse d'un bistrot. Mais rien de plus, ni de moins que dans nombre de villages que j'ai visité. Bien évidemment, le regard porté sur un espace que l'on traverse, en tant qu'itinérant, à pied qui plus est, est différent de la vision de celui qui doit y vivre toute l'année. Le marcheur est un indécrottable optimiste. C'est aussi, bien souvent, un fuyard. Il fuit la morosité, la mélancolie, la tristesse, l'anxiété, le mal de vivre. Il puise dans la marche les ressources pour percevoir un monde enjolivé, parce qu'il attend toujours quelque chose de nouveau qui lui est réservé, à lui tout seul, au prochain virage, ou au croisement à venir de deux routes. Et s'il ne trouve pas de quoi s'extasier au bout de ce chemin, qu'importe ! C'est bientôt qu'il le trouvera. Il le croit profondément, il sait que le salut vient en marchant. Alors, il marche, il marche…

Oserais-je conseiller à tous ceux qui se morfondent de voir leur environnement dépérir, qui ne perçoivent plus que le négatif, qui s'installent dans la critique permanente, attribuant inévitablement aux autres la cause de leur mal être et qui, par là-même, concourent à leur irrémédiable enfouissement dans le pessimisme, à prendre de bonnes chaussures, un sac à dos et un bâton et d'aller parcourir la France belle et plurielle pour y retrouver un peu de joie de vivre et porter un message positif, même éphémère, pourvu qu'il soit sincère ? Bien sûr, après seulement six semaines sur les sentiers et quelques dizaines de personnes rencontrées, je n'aurai pas l'outrecuidance de porter un jugement unique, homogène et positif en tous points, mais je peux affirmer qu'au-delà des cris d'alerte réels entendus, il y a aussi de beaux signes porteurs d'espoir qu'il faut savoir capter et amplifier. J'ai vu davantage de personnes fières de leur pays que l'inverse. Nos régions méritent mieux que de pleurer sur elles en se désespérant.

Et parce qu'il faut savoir s'adapter, sur les conseils indirects d'Axel Kahn, corroborés par Véronique, je modifie mon parcours du jour. J'ignore les gorges de la Grande Rhue pour les premiers dix-huit kilomètres et je passe par le nord, les hauteurs qui offrent de meilleurs panoramas, et par Montboudif, le village natal du président Georges Pompidou. J'ai laissé le GR 4 au pied de ma chambre d'hôte. Lui file vers Clermont-Ferrand. Je le retrouverai vers Limoges, dans quelques jours. Sur la route qui m'emmène vers l'ouest, je contemple le Sancy derrière moi et, sur ma gauche, la chaîne des Puy que j'ai caressé du regard depuis le col de Prat de Bouc quelques jours plus tôt. Je vais bientôt descendre dans la vallée de la Dordogne et il est temps de les saluer une dernière fois. Le Sancy, je le verrai encore en Corrèze demain.

Le sentier est agréable, ombragé, et, Ô miracle, mon orteil ne me fait plus souffrir. Il aura suffi d'un trou d'aiguille et d'un simple pansement. Oh, je ne fais pas le fanfaron ! Si, par hasard, mon pied prend une mauvaise position sur le chemin, je suis vite rappelé à l'ordre. Mais je peux avancer à un bon rythme sans douleur. Chemin faisant, plus habitué à ce que les chiens aboient à mon passage, je suis surpris de l'attitude très amicale d'une chienne qui vient à ma rencontre à la ferme des Hurquets. Elle pose ses pattes antérieures sur moi et attend, en retour, un geste de ma part. Je m'empresse de lui faire une caresse. Dès lors, la voilà partie avec moi, confiante, me précédant, devinant le chemin que j'allais emprunter à chaque intersection. Ma nouvelle compagne de route parcourt ainsi quatre bons kilomètres avec moi, avant que je ne lui fasse comprendre qu'il est préférable qu'elle rentre chez elle. Je suppose que c'était là son habitude d'accompagner ainsi les marcheurs. J'avais connu pareille situation dans le Queyras, avec un chien qui, au départ de Saint-Véran, faisait une boucle de plusieurs kilomètres avec des randonneurs.

Arrivé à Champs-sur-Tarentaine, au terme d'une longue descente au cours de laquelle l'altitude va passer de 1000 à 500 mètres, je retrouve les températures observées en Ardèche. On frise les 30° à l'ombre. Au soleil, sur le bitume de la D679, je regrette déjà les sentiers bien frais des forêts du Cantal.

Ma chambre d'hôte se trouve au-dessus du barrage, au bord de la route d'Ussel. Faire à pied sur cette D979, à l'heure de « pointe », les deux kilomètres sur les bas-côtés, me rappelle la triste route Nice-Digne près d'Entrevaux. Entre voiture et camions qui frisent les moustaches, je vis ces moments comme les plus détestables de mon chemin.

Coïncidence, à Bort-Les-Orgues, chez Joëlle et Eric, je vais loger dans la même chambre qu'Axel Kahn. J'en suis honoré. Joëlle me montre avec fierté l'article du journal « *La Montagne* » du 20 juin 2014 qu'elle conserve précieusement. Pour ma part, je n'ai convié aucun journaliste. Il ne serait, de toute façon, pas venu. Le repas nous donnera l'occasion de parler du pays, du barrage qui, à 70 ans bientôt, n'a plus le même effet attractif sur le tourisme, et de football aussi, puisque Eric est coprésident du club de Lanobre.

Je n'ai toujours pas de drapeau tricolore pour orner mon sac. A défaut de trouver un magasin sur ma route, il m'était venue l'idée d'en subtiliser un de ceux sortis au fronton des mairies à l'occasion de la fête nationale. Après tout, cet emblème de la France m'appartenait aussi et le porter sur mon chemin était une action citoyenne, noble et respectueuse. Mais, par sagesse ou prudence, j'avais renoncé à commettre ce répréhensible larcin.

Un chien a quatre pattes mais il ne peut prendre qu'un seul chemin.
*Proverbe créole*

## *Vendredi 20 juillet,*
## *de Bort-les-Orgues à Saint-Fréjoux.*

Pour rejoindre Saint-Fréjoux, ou plus précisément le Jardin d'Arsac où m'attendent Geneviève et Gilbert, il n'y a aucun sentier de randonnée balisé. C'est la première fois que je vais devoir faire une étape presque exclusivement sur du bitume. Pour éviter les grands axes passagers, je vais zigzaguer vers le nord afin d'emprunter les plus petites routes, celles où l'on peut marcher longuement au beau milieu de la chaussée sans risquer de se faire écraser.

A Vaux, je suis étonné par la présence d'une église au beau milieu de nulle part sur le bord de la petite route. Loin des quelques maisons éparses qui composent le village, elle me rappelle Notre-Dame-d'Entraigues à Tartonne qui présentait la même particularité d'être implantée en dehors du village.

Le temps est à l'orage. Le tonnerre gronde au loin. Je compte sur ma bonne étoile pour que le ciel me laisse tranquille encore aujourd'hui et j'avance à bonne allure dans l'espoir de trouver un abri pour manger mon sandwich. Une aubette à l'entrée du bourg de Saint-Bonnet-près-Bort fera l'affaire.

Avant de quitter le village, je vais visiter l'arbre remarquable de Sully, au pied de l'église romane du XII$^{ème}$ siècle Saint-Bonnet-de-Clermont. Sully, ministre du roi Henri IV, avait ordonné aux maires du royaume de faire planter un ormeau au-devant de la porte principale des églises afin que les habitants qui venaient écouter la parole de Dieu, puissent, avant et après l'office, discourir, sous les ombrages, de leurs intérêts et de ceux de la paroisse.

Je ne saurais dire si ce tilleul est quatre fois centenaire, mais à coup sûr, il est d'un âge plus que respectable comme en témoigne son tronc torturé aux dimensions impressionnantes.

Quelques kilomètres plus loin, Gilbert m'accueille au Jardin d'Arsac. Ici, Gilbert et Geneviève ont créé depuis 30 ans une oasis de verdure fleurie autour de leur maison d'hôtes. Je découvre un site exceptionnel et un couple de passionnés qui a grand plaisir à offrir son œuvre à nos sens. Et, bien évidemment, quand on a la chance de rencontrer des personnages aussi généreux, aussi engagés, aussi ouverts, il faut faire durer le plaisir en passant la soirée avec eux. Je me suis ainsi fait inviter à leur table, profitant de leur hospitalité au sens le plus noble du terme, pour continuer à partager des bribes de nos vies et de nos passions. Je ne suis pas étonné d'apprendre que Geneviève est fortement engagée pour les autres en tant que présidente d'une association à vocation d'aide aux personnes comptant soixante-dix salariés. Elle est aussi maire de Saint-Fréjoux, commune de 300 habitants à laquelle elle apporte les mêmes soins méticuleux qu'à son jardin.

Cette soirée-là, restera pour moi, un grand moment de mon voyage. Un de ceux qui, par la grandeur des rencontres et la force du partage fait oublier qu'il n'y a pas de sentier de randonnée pour venir ici et qu'il faut arpenter le chaud bitume.

Demain je ferai la route avec des amis corréziens que j'ai hâte de revoir.

Un jardin, même tout petit, c'est la porte du paradis.
*Marie Angel*

## *Samedi 21 juillet, de Saint-Fréjoux à Meymac.*

Aujourd'hui je vais vivre des retrouvailles avec Gérard, Marc et Annie, son épouse, qui sont venus de l'autre bout du département pour passer la journée avec moi. Marc et Gérard sont des amis du football. Nous avons en commun d'avoir été membres du Comité de Direction de la Ligue du Centre-Ouest du temps où elle existait. Je suis ici sur leurs terres, dans cette Corrèze qu'ils connaissent parfaitement, et pourtant je suis heureux de leur faire découvrir le jardin d'Arsac.

L'étape de 23 kilomètres qu'ils sont venus faire avec moi est loin d'être passionnante. Je veux parler de l'intérêt pour des randonneurs, bien sûr. Nous marchons principalement sur des routes goudronnées, dont une première partie en traversant Ussel.

Par la suite, ces routes seront moins larges et plus calmes. Mais qu'importe la monotonie du sol foulé, nous avons tellement à discuter que nous sommes bien peu attentifs à ce qui nous entoure. Place aux échanges et à la convivialité. Y compris pour la pause casse-croute qui sort de l'ordinaire, dans tous les sens du terme, puisque la bouteille de Bordeaux apportée par Marc pèsera 750 grammes de moins dans son sac à dos pour la deuxième partie de l'étape. Sortir un Bordeaux à l'étape de Meymac est une bonne idée pour célébrer cette journée et faire le lien avec le coup de génie marketing de marchands qui eurent, au milieu du XIX$^{ème}$ siècle, l'idée d'aller vendre du vin de Bordeaux en Belgique et dans le nord de la France en prenant soin de nommer leur ville « Meymac-près-Bordeaux ».

Tout a commencé en 1865. Jean Gaye-Bordas, comme nombre de paysans pauvres du Limousin, migrait chaque année pour faire des travaux saisonniers. Il ne savait ni lire, ni écrire, mais il avait le sens des affaires. Il devint colporteur, vendeur d'objets de toutes sortes et se déplaça jusqu'à Bordeaux où il rencontra des marchands de vins. Il lui vint alors l'idée d'aller vendre ce breuvage sous l'étiquette « Meymac-près-Bordeaux » dans le nord de la France en se présentant comme un vigneron vendant sa récolte. Il fit ainsi fortune en vendant un vin qu'il ne possédait pas et dont il n'avait aucun échantillon à proposer. Plus tard, il achètera des vignobles et châteaux dans le Libournais. D'autres Meymacois imiteront le précurseur et s'enrichiront de la même manière en apportant prospérité au pays Meymacois.

Mes deux amis et Annie poussent le sacrifice jusqu'à rester dîner avec moi. Au cours de la soirée, le récit de mes aventures est au menu de nos discussions. Mais nous parlons aussi de notre passion commune pour le foot. De nos souvenirs, de nos engagements et de nos espoirs pour nos clubs et nos instances décisionnaires. En cela, je les remercie de m'avoir doucement ramené à la vraie vie. Ils ont bien compris qu'il ne fallait pas me brusquer. Plutôt opter pour une lente et progressive ré-acclimatation. Un réveil en douceur pour éviter tout traumatisme.
J'intitulerais bien cette journée : « Prélude au retour à la réalité ! »

> Jamais homme noble ne hait le bon vin.
> *François Rabelais*

## *Dimanche 22 juillet, de Meymac à Bugeat.*

Après deux étapes sur le bitume, en raison de l'absence de sentiers de randonnée entre Bort-les-Orgues et Meymac, deux étapes qui m'ont valu une belle ampoule sous le pied gauche, je m'apprête à retrouver avec plaisir un GR, le 440, pour grimper sur le plateau de Millevaches. C'est une belle étape de presque 30 kilomètres qui m'attend aujourd'hui. Elle débutera par une lente montée de 300 mètres et un parcours assez accidenté et varié qui devrait écarter toute morosité. Je ne vais pas être déçu. Mes amis, Gérard et Marc, hier, avaient bien œuvré pour me ramener dans la réalité, avec tact et doigté. Hélas, trois fois hélas, c'est raté ! J'ai replongé dans mon état second. Tout est à refaire ! Dès les premières pentes, les épaisses et sombres forêts de résineux au sol tapissé de mousse, où seules quelques fougères arrivent à trouver un peu de lumière pour pousser, me rappellent les forêts du Cantal. Notre belle France a ceci de magique qu'elle permet toujours à ceux qui n'hésitent pas à se glisser dans ses replis, ses interstices comme les nomme Tesson, de retrouver des paysages rencontrés plus tôt pour assurer une transition lente et progressive. Hier, du côté d'Ussel, j'avais constaté la présence d'essences habituelles du Poitou, des feuillus, des champs déjà jaunis par la sécheresse. Là, une journée plus loin, en montant sur le plateau, je me retrouve parmi les forêts résultant d'un reboisement massif en résineux composés essentiellement de pins noirs d'Autriche, d'épicéas communs et de douglas, et je suis revenu en arrière de l'autre côté de la Dordogne.

Et ce n'est que le début. Car bientôt, les tourbières, les cuvettes humides, couvertes d'une végétation bien verte attestent de la présence d'eau à volonté. Les mille sources où naissent de nombreuses rivières font chanter les ruisseaux au-dessus desquels les ballets légers des demoiselles vont concourir au retard que je vais accumuler. Je ne croise personne en dehors de deux familles parties pour une courte balade en ce dimanche de juillet. Le GR 440 n'est sans doute pas le plus foulé de France. Pour donner une dimension plus grandiose à ce beau paysage, j'ai la chance de profiter d'un vrai ciel d'Irlande, tantôt d'azur ensoleillé et rieur, tantôt d'acier, parfois noir ébène sans qu'aucune pluie ne vienne perturber ma progression. En chemin l'étrange village aux toits de chaume de Variéras, où, visiblement, quelques artistes ont laissé libre cours à leurs talents colorés, et le pont typique sur la rivière d'Ars quelques centaines de mètres plus loin, complètent la diversité des points d'intérêt de cette journée. J'arrive finalement à Bugeat bien plus tard que je ne l'avais prévu, chez des hôtes Anglais installés en France depuis peu. Il me faut faire quelques efforts pour parler anglais. Mes hôtes ne se sont pas encore habitués à la langue de Molière. Le repas que me sert Debbie est raffiné, avec une petite touche « so british » dans la présentation et le mariage des plats, mais il est un peu léger pour un gros marcheur. Peu importe, j'ai appris à me contenter de ce que l'on me donne.

> Mange selon la hauteur de ton sac à provisions,
> marche selon la largeur de ton pas.
> *Proverbe tibétain*

## *Lundi 23 juillet, de Bugeat à Lacelle.*

Bugeat et Lacelle sont distants d'une dizaine de kilomètres. Je vais en ajouter quatre pour éviter l'axe routier principal. C'est une courte étape qui arrive à point nommé pour me permettre de récupérer un peu des 300 kilomètres parcourus lors des douze derniers jours et soigner cette ampoule au pied gauche qui me gêne, un peu.

Je ne tarde pas à me rendre compte que je suis dans une journée « sans ». Il vaut mieux que ça tombe sur une petite étape. Je suis très surpris depuis quelques jours de constater à quel point mon état de forme physique peut varier radicalement d'un jour à l'autre. Ainsi, il m'arrive de faire des étapes de trente kilomètres sans être fatigué à l'arrivée, alors que sur d'autres, bien plus faciles, j'ai l'impression de ne pas avancer et d'être épuisé au bout de cinq kilomètres. Je comprends désormais beaucoup mieux comment certains coureurs cyclistes de grandes courses à étapes peuvent être « à la ramasse » un jour et performants le lendemain. On va supposer que, comme moi, qui n'utilise comme produit dopant que de la confiture d'abricots, de la gelée de groseilles et quelques bières après l'effort, lesdits coureurs n'ont recours à aucun produit illicite. Forcément, sinon la comparaison, qui est déjà hasardeuse en soi, serait carrément faussée !

Je perçois aussi que je me programme intérieurement chaque jour pour une certaine distance. L'objectif du jour étant connu, je m'adapte au kilométrage à parcourir en me préparant mentalement de manière non perceptible. Ainsi, faire trente kilomètres ne me semble pas plus compliqué que moitié moins, dès lors que je connais la cible. On appelle ça gérer ses efforts, me semble-t-il.

En arrivant à Lacelle vers 14h30, je prends le temps de manger mon sandwich aussi léger que mon diner de la veille (concombres, tomates, fromage râpé) avant de m'offrir, luxe suprême, une petite sieste sur l'herbe verte au bord du plan d'eau.

En soirée, au Relais de Naïade, particulièrement rustique mais tellement authentique, à l'heure du diner, je converse en terrasse avec deux dames de Normandie en vacances ici. La semaine dernière elles étaient dans le Cantal. Coïncidence, elles logeaient à Saint-Saturnin quand j'y suis passé mercredi dernier. Nous aurions pu nous y croiser. Grâce à elles, j'apprends sur la production des fromages Cantal, Salers et Saint-Nectaire. Elles ont en effet passé une partie de leur séjour à visiter des fermes et des fromageries, et à s'informer des méthodes de fabrication de ces spécialités locales. Pendant ce temps, moi, marcheur contemplatif mais inculte, je n'ai fait que traverser les pâturages et visiter les vaches qui, bien qu'étant largement impliquées dans cette affaire, ne m'ont rien confié de leurs secrets pour faire un bon fromage.

Demain, j'attaque la septième et dernière semaine. Je vais quitter la Corrèze pour entrer en Haute-Vienne.

Les plus courts chemins ne sont pas toujours les meilleurs.
*Proverbe français*

## *Mardi 24 juillet, de Lacelle à Bussy-Varache.*

Une bonne nuit de sommeil m'a remis d'aplomb. Je suis prêt à affronter la vingtaine de kilomètres qui va me porter à Bussy-Varache, en Haute-Vienne, via un chemin de Saint-Jacques, mais à contre-sens. Avant cela je vais rejoindre l'Eglise-aux-Bois par une petite route. Pour la troisième journée consécutive je chemine dans le Parc Naturel Régional de Millevaches. En montant à sept-cents mètres d'altitude, le panorama est agréable à défaut d'être spectaculaire. Mon parcours est ombragé, et c'est une chance, car je vais connaître ma première journée vraiment chaude depuis l'Ardèche.

Sur le chemin, je croise un couple de pèlerins. Nous échangeons un simple bonjour. Ils avancent d'un pas décidé à dix mètres l'un de l'autre, absorbés par leurs pensées. Ils me paraissent peu enclins à discuter, même entre eux à cet instant. Je ne voudrais pas les ralentir, ni les perturber dans leur démarche. Chacun est libre de vivre sa marche comme il l'entend. Il existe encore des pèlerins qui cheminent par volonté d'affirmer leur dévotion en donnant une dimension sacrée à leur voyage. Peut-être sont-ils de ceux-là. Et puis, il est plus facile d'engager une discussion avec des marcheurs qui vont dans le même sens que vous, en se mettant à leur rythme. Dans le sens inverse, il faut s'arrêter pour se parler. Et tout le monde n'est pas disposé à s'arrêter quand il faut respecter un timing souvent conditionné par la météo et notamment l'annonce de fortes chaleurs l'après-midi.

Ce n'est pas mon cas. Moi, j'ai encore tout mon temps.

La traversée du ruisseau de Bêthe prend des airs d'aventures d'Indiana Jones, avec les crocodiles en moins. La passerelle, unique moyen de communication pédestre, est fort endommagée par on ne sait quels pèlerins trop chargés. Heureusement, des rondins de bois ont été jetés en travers du ruisseau. D'accord, il faut avoir beaucoup d'imagination pour voir dans cette traversée un acte de bravoure. Mais quand il ne se passe rien de palpitant, il faut s'inventer des histoires pour donner du mordant à sa marche.

A propos d'aventure dangereuse, je n'aurais pas voulu être dans la forêt, entre Le Mont et Eymoutiers le 5 juillet dernier. Les branches innombrables qui jonchent le sol, les centaines d'arbres déracinés ou littéralement décapités à plusieurs mètres de leurs racines, témoignent de la violence de l'orage qui s'est abattu ici, comme en d'autres lieux de la Haute-Vienne.

Des moutons, couchés à l'ombre des chênes, m'indiquent que je me rapproche de mon pays Montmorillonnais. On y élève plus d'ovins que de vaches Salers ou Aubrac. Ils m'offrent l'occasion de répondre à une question que je me posais en Lozère. A la vue de ces moutons seuls, sans berger, ni patou, il me semble pouvoir indiquer qu'il ne doit pas y avoir de loups ici. A vrai dire, cette perception simpliste des choses n'engageait que moi, car à l'heure d'écrire ces lignes, je dois réviser mon appréciation en précisant que des éleveurs de Haute-Vienne ont mis en évidence, par des tests génétiques, la présence d'au moins deux loups dans le secteur d'Eymoutiers, quatre mois après mon passage. Les loups m'auraient-ils suivi ? Aurai-je emprunté la même voie qu'eux ?

Si tel est le cas, je dois me féliciter d'avoir choisi la route la plus sauvage depuis le Mercantour. Celle la plus couverte de grandes forêts, la plus fournie en garrigues et maquis, la moins peuplée en êtres humains. C'était bien là mon objectif.

Un loup peut parcourir de grandes distances en une nuit. Les jeunes adultes, isolés, sont en capacité de traverser des espaces conséquents où les meutes ne sont pas encore établies. Ces passages, ponctués de quelques attaques supposées de bétail, seraient donc probables, ici en Limousin, mais aussi plus au nord, dans la Vienne. C'est ce que j'apprends de Sébastien Kerouanton, journaliste, en lisant un de ses articles paru dans le quotidien local Centre Presse.[1] Le loup m'aura donc accompagné jusqu'au bout.

Je profite de mon passage à Eymoutiers pour visiter la collégiale Saint Étienne du XV$^{ème}$ siècle, classée monument historique, puis descendre jusqu'à la vallée de la Vienne. Je m'étonne de la largeur de cette rivière à cet endroit sachant que j'étais passé à proximité de sa source deux jours plus tôt. Après m'être désaltéré dans un bar, je reprends la route pour Bussy-Varache où j'ai réservé ma chambre d'hôte. Demain, en direction de Masléon, je retrouverai mon ami Christian pour faire avec lui une partie du chemin.

> Marcher comme une feuille morte tombée de l'arbre
> que le vent emporte, sans savoir si c'est le vent qui vous porte
> ou si vous portez le vent...
> *Michel Jourdan*

---

[1] N° 39 (édition Sud) du 15 février 2019

## *Mercredi 25 juillet, de Bussy-Varache à Masléon.*

Christian vient de Pageas, bien plus au sud de la Haute-Vienne, à plus d'une heure de route. Il va laisser sa voiture à Masléon et suivre, en sens inverse au mien, l'itinéraire que je lui ai fait parvenir par messagerie. Il a prévu de partir de Masléon vers 11 heures. Je quitte Bussy à 10 heures. Nous devrions nous retrouver en chemin vers midi et demi pour le casse-croûte.

La journée va être caniculaire sur la France. Il fait déjà très chaud lorsque je prends congés de Nerys, mon hôte, au Petit Papillon où j'ai passé une bonne nuit dans un gite bien agréable.

Vite, je descends quatre à quatre vers les gorges de la Vienne qu'épouse avec une fidélité remarquable la voie ferrée de la ligne Limoges – Ussel. Je l'ai tant croisée depuis quelques jours qu'elle m'est devenue intime. Là, je joue à saute-mouton avec elle. Je passe sur un pont, ou au-dessus d'un tunnel. Je descends ainsi la Vienne, dont j'entends les remous entre écluses et rapides, sans parvenir à l'entrevoir. La végétation est si dense que la belle se fait désirer. Le sentier est agréable. Les nombreux petits ruisseaux qui jaillissent des flancs des gorges apportent une fraîcheur bienfaisante à chaque fois qu'on les enjambe. Je comprends pourquoi ce petit ru qui a pris sa source quelques dizaines de kilomètres en amont à 860 mètres d'altitude au pied du Mont Audouze est devenu une belle rivière au caractère affirmé.

Soudain, la voie ferrée franchit la Vienne et libère le sentier qui descend vers elle. Je la rejoins sans plus attendre.

Je la côtoie pendant quelques centaines de mètres sur une portion qui me paraît bien calme. Cela n'a rien à voir avec le bruit des flots que j'entendais tout à l'heure. La belle cache bien son jeu. La voilà silencieuse, s'écoulant paisiblement, puis se tordant et s'énervant à peine lorsque qu'une île, en son milieu, vient l'obliger à se diviser. A peine le temps de profiter des reflets du feuillage dans ses eaux, qu'il me faut la quitter. Demain je reviendrai la voir entre Saint-Denis-des-Murs et Saint-Léonard-de-Noblat.

Le sentier quitte les gorges et monte vers la Forêt Chabrouty. Ce petit dénivelé de 160 mètres me fait plaisir. Il me vaut une bonne suée et une petite séance cardio pour garder la forme. Il fait vraiment chaud. J'aime bien cette chaleur tout juste atténuée par un vent léger.

Plus loin, un meuglement continu, devrais-je dire un rugissement, m'intrigue. Il se rapproche. Ou plutôt, je m'en rapproche. De chaque côté de la petite route sur laquelle je chemine, deux taureaux, un de chaque côté, dans leur pré respectif, ont envie d'en découdre. Ils grattent la terre de leurs sabots et font voler la poussière. Moi, je prie pour que les clôtures soient solides et qu'ils n'en restent qu'aux intimidations. Les vaches, à l'écart, ont l'air de se moquer éperdument de ce ballet de mâles quelque peu ridicule. A moins qu'elles ne se pâment pour leur super-héros. Ou... qu'au contraire... elles rêvent de celui d'en face. Qui sait !

En sortant des gorges de la Vienne, j'ai aussi quitté le plateau de Millevaches. Je retrouve des terres exploitées, presque la plaine. La forêt laisse place aux champs cultivés et aux prairies en herbe. Après Moulièras, les chaumes s'étalent devant moi.

La transition est brutale. Soudaine est aussi la prise de conscience du temps qui s'est écoulé. Je suis parti le 11 juin, je reviens fin juillet. Ici, les mûres sont déjà noires, les prunes sont juteuses et je croque quelques pommes tombées au sol. Ce sont des pommes à cidre, pas très fameuses. Je ne l'ai pas vu passer, ce temps. Chaque jour a été à la fois unique dans son déroulement et totalement identique dans son enchaînement. Le temps n'avait plus d'emprise sur moi. Les changements d'altitude ont gommé l'évolution lente de l'été. Mes repères étaient la végétation et la température. Ils se sont révélés trompeurs. Parfois, je revenais en arrière de quelques semaines puis plongeais en avant d'un coup.

Oh ! Des vaches limousines à l'ombre de pommiers, tout un symbole en ce pays ! Mangez des pommes ! Le slogan imaginaire de Jacques Chirac avant son élection à la présidence de la République en 1995. Un slogan gagnant inventé par les Guignols. *La satire est un signe du bon fonctionnement d'une démocratie moderne*, conviendra-t-il plus tard.

L'heure tourne. J'essaie d'appeler Christian. En vain. Ces contrées du Limousin sont loin d'être bien couvertes par la téléphonie mobile. Nous finissons enfin par être en contact à 12h22. Nous devrions nous rejoindre dans quinze minutes environ en un lieu bien défini. Tout va bien. Ou presque... Car bien après le lieu supposé de notre jonction, je n'ai toujours pas vu mon homme. Je tente de l'appeler une fois, deux fois, cinq fois, dix fois. Aucune réponse aux sonneries. Je finis par m'inquiéter.

Mais pourquoi diable ne répond-il pas ? Avec cette chaleur, un malaise... Je pense au pire, quand un texto de sa part m'indique qu'il est arrivé là... où j'étais trente minutes plus tôt. Il a emprunté la route quand, moi, j'ai pris le chemin. Ouf ! Soulagement. Demi-tour, deux kilomètres de plus, et la jonction est enfin opérée. Il faut dire que Christian m'apporte mon sandwich, et une petite bouteille de Saint-Emilion qu'il serait dommage de laisser chauffer davantage dans son sac à dos.

Quelques instants plus tard, nous nous posons à l'ombre, en sous-bois, pour fêter nos retrouvailles. Nous passons l'après-midi ensemble sur les routes et chemins qui nous rapprochent de Masléon, à discuter de choses et d'autres. De mon périple, mais aussi de nos vies, et du foot bien évidemment, puisque nous nous connaissons grâce au ballon rond.

Après la douche, Christian m'invite à dîner à Bujaleuf, au Saint-Pancrace, où nous serons seuls dans la grande salle de restaurant, soignés comme des invités de marque avec des produits locaux. Ces excès de table ne faciliteront pas ma nuit de sommeil, mais ces instants épicuriens sont des bulles de bonheur dans une vie. Il y a des événements qui ne se vivent qu'une fois, il ne faut pas les manquer quand ils se présentent.

> Si tu ne trouves pas d'ami sage, prêt à cheminer avec toi, résolu, constant, marche seul, comme un roi après une conquête ou un éléphant dans la forêt.
> *Bouddha*

## *Jeudi 26 juillet, de Masléon à Saint-Just-le-Martel.*

Il ne me reste plus que six étapes avant de terminer. Seulement six. Je vais profiter à fond des deux qui viennent, aujourd'hui et demain. Ces cinquante kilomètres sont les derniers que je vais faire seul. Bien que j'apprécie la présence de mes amis à mes côtés, je préfère marcher seul, c'est tellement intense en émotions, en réflexion, en introspection, en sentiments tellement forts qu'il en est plus facile de laisser Jean-Jacques Rousseau les décrire.

*« Jamais je n'ai tant pensé, tant existé, tant vécu, tant été moi, si j'ose ainsi dire, que dans ceux que j'ai faits seul et à pied. La marche à quelque chose qui anime et avive mes idées : je ne puis presque penser quand je reste en place ; il faut que mon corps soit en branle pour y mettre mon esprit. La vue de la campagne, la succession des aspects agréables, le grand air, le grand appétit, la bonne santé que je gagne en marchant, la liberté du cabaret, l'éloignement de tout ce qui me fait sentir ma dépendance, de tout ce qui me rappelle à ma situation, tout cela dégage mon âme, me donne une plus grande audace de penser, me jette en quelque sorte dans l'immensité des êtres pour les combiner, les choisir, me les approprier à mon gré, sans gêne et sans crainte. Je dispose en maître de la nature entière ; mon cœur, errant d'objet en objet, s'unit, s'identifie à ceux qui le flattent, s'entoure d'images charmantes, s'enivre de sentiments délicieux. Si pour les fixer je m'amuse à les décrire en moi-même, quelle vigueur de pinceau, quelle fraîcheur de coloris, quelle énergie d'expression je leur donne ! ».*[1]

Je quitte le Domaine des Tuillières à Masléon auquel j'attribuerais une belle note, si j'avais à le faire. Pourtant, j'ai

---

[1] Les Confessions, extrait du livre IV

mal dormi. La journée d'hier a été forte en émotions, le repas bien trop copieux et il a fait chaud dans ma chambre malgré les fenêtres ouvertes. Je n'y suis plus habitué. Chaque jour je perds de l'altitude. J'atterrirai à 90 mètres, à la maison. Ce sera là mon niveau le plus bas depuis la traversée du Rhône.

Pour l'heure, je descends par la route de Saint-Léonard-de-Noblat pour rejoindre la Vienne, la rivière qui ne cesse de grossir au fil des kilomètres. La Vienne, je m'amuse avec elle depuis plusieurs jours. L'eau, synonyme de toute vie, est aussi un vecteur de calme, de sérénité et de fraîcheur. Depuis mon départ, les meilleures étapes étaient celles où je trouvais de l'eau vive. Mais depuis la Corrèze beaucoup de fontaines ne sont pas entretenues et ne coulent plus. Je compense avec les ruisseaux et les rivières. Je suis très admiratif de ceux qui peuvent marcher dans le désert, même avec l'intendance qui s'impose pour emmener de l'eau. Moi, l'image d'Epinal du squelette blanchi au soleil dans la Vallée de la Mort, style bande dessinée de Lucky Luke, me hante. Ce n'est pas mon truc. Je préfère les ruisseaux qui chantent aux vastes déserts arides.

Je voulais suivre la Vienne, mais je suis déçu par cette première partie du parcours. Du Pont du Rateau, où la Combade vient s'y jeter, jusqu'à Saint-Léonard-de-Noblat, neuf kilomètres plus loin, il n'y a que la route qui longe la voie ferrée et la Vienne. Rien de remarquable. Rien d'agréable non plus. Passons notre chemin.

Plus loin, à la confluence de la Maulde et de la Vienne, l'ancien moulin de l'Artige, que domine le château du Muraud, est superbe. Je tenais à passer ici et à m'arrêter à cet endroit. En voici la raison personnelle et « historique ». Je compte dans mes ancêtres très lointains un dénommé Jean Bastide, sieur de Villemuzault et du Pescher (né vers

1525). Ce Jean Bastide avait pour père un dénommé Philippe Bastide et pour mère, selon certains « généalogistes » une dénommée Gabrielle de Murault (1500-1574), fille de Daniel de Murault, écuyer, seigneur de Terrières, descendant des De Montmorency Laval, lignée royale. Ce qui, vous l'avez compris, m'amènerait à compter dans mes aïeuls un certain Louis VI Le Gros, de la dynastie des Capétiens, Roi de France.

Le Château de Muraud, tel qu'il est aujourd'hui, n'a rien à voir avec celui du XVI$^{ème}$ siècle mais il est probable qu'ici se tenait le fief de cette famille. Un document de 1037 fait mention d'une villa de Murs, près du gué de la Vienne. Le nom des Murs est resté à Saint-Denis, tandis que le château était nommé plus tard Mureau. En ruines en 1572, sa destruction fut achevée en 1590 par les habitants de Saint-Léonard, car il servait de repaire aux brigands. Je ne saurais dire si cette union entre Philippe Bastide et Gabrielle du Murault eut bien lieu, n'ayant aucune référence à un acte ou écrit de l'époque. Je ne le saurai sans doute jamais, mais cette hypothèse poétique, que je me complais à raconter, m'amuse et ne fait de tort à personne.

La généalogie est un voyage, dans le temps et l'espace. Associer une personne à un site permet de l'ancrer dans sa propre histoire. Il se dégage toujours une émotion particulière à découvrir les lieux de vie de nos ancêtres. S'il y a peu de chance de retrouver les maisons du XIV$^{ème}$ siècle, les villages donnent une indication géographique assez précise. Les églises où furent baptisés, et parfois enterrés, nos aïeuls sont des repères historiques fiables qu'on découvre avec grand plaisir.

Saint-Léonard-de-Noblat est plus connue comme étant la ville natale de Raymond Poulidor que pour la légende du saint qui lui a donné son nom. Baptisé par Clovis lui-même, Saint Léonard aurait reçu le domaine de Noblac en récompense d'un secours apporté à la reine accouchant en ces lieux.

C'est là que je prends le GR 654, voie de Vézelay du Chemin de Saint Jacques. Finis les 14 kilomètres d'asphalte, je retrouve des sentiers ombragés. A 15 heures, il fait 32° C. Je ne rencontre aucun pèlerin. Le sentier est plaisant jusqu'à Saint-Just-le-Martel, hormis à l'aplomb de la carrière de Royères où le bruit, la poussière et quelques camions-bennes chargés de sable, font exception pendant quelques centaines de mètres. Anecdotique.

Laëtitia, qui m'accueille dans sa maison à mi-chemin entre Saint-Just-le-Martel et Saint-Priest-Taurion, a la gentillesse de m'emmener en voiture au restaurant. Elle vient aussi m'y chercher vers 22 heures. A ce stade, c'est de l'assistanat, j'en conviens. Je me suis offert un bon repas au « Relais du Taurion ».

> Oublier ses ancêtres, c'est être un ruisseau sans source, un arbre sans racines.
> *Proverbe chinois*

## *Vendredi 27 juillet 2018,*
## *de Saint-Just-le-Martel à Razès.*

C'est encore une belle étape qui m'attend. Plus de vingt-cinq kilomètres avec un peu plus de dénivelé que les jours précédents et une chaleur étouffante dès le matin. Je traverse la Vienne une dernière fois à Saint-Priest-Taurion. Je commande un sandwich dans un bar en prenant un café et j'engage la conversation avec un cycliste, jeune retraité très actif, qui prend lui aussi un petit noir avant de faire son parcours du jour. Entre "sportifs" on se comprend.

Ici, la rivière Taurion, aussi large que la Vienne, vient gonfler cette dernière. Je remonte un moment cet affluent en direction du nord. Je traverse nombre de petits hameaux aux constructions récentes. La proximité de Limoges se ressent dans la densité et la nature de l'habitat. Les maisons individuelles poussent comme des cèpes en automne dans toutes ces communes de la périphérie limougeaude. Je passe à l'est d'Ambazac et entre dans les monts du même nom dont les collines boisées donnent du relief à mon étape et flattent l'œil. Arpentant le sentier, j'ai la surprise d'entendre un « bruit » inhabituel en des lieux aussi isolés. Au domaine des Prés qui semble être une belle et ancienne demeure bourgeoise, bien que desservie uniquement par un chemin de terre, derrière le haut mur d'enceinte qui entoure le parc, je perçois une cantatrice répétant un air d'opéra. Surpris, je tends l'oreille, mais je n'en entendrai pas plus. Dommage, l'art lyrique en pleine nature me plaisait bien.

J'atteins le point culminant de 500 mètres à Saint-Sylvestre, charmant village d'un calme absolu troublé uniquement par les aboiements des chiens à mon passage.

Plus loin, alors que je file vers le hameau du Fraisse, je contourne l'étang de Gouillet, réserve d'eau protégée de la Ville de Limoges. Il y est interdit d'y pêcher et de s'y baigner pour des raisons sanitaires, sauf pour les canards, bien entendu, qui ne savent pas lire les panneaux. Je ne serais pas surpris que les canards y fassent même leurs besoins !

Au Fraisse, hameau d'une quinzaine de maisons toutes habitées, j'ai un peu l'impression d'arriver au bout du monde. La route qui y mène s'arrête là. C'est une impasse. Mais l'autoroute que j'entends en bruit de fond est à cinq minutes en voiture. Ici, c'est le charme naturel des monts d'Ambazac et la ville de Limoges à portée de main. J'arrive avant mes hôtes et je les attends au calme sur la terrasse de leur maison. En contrebas, deux chevreuils paissent dans un pré. J'ai tout le loisir de les observer longuement.

Anaïs, Alexandre et leur fille Lise, partagent leur table d'hôte jusqu'à la nuit sur cette terrasse. La température est douce en soirée à cette altitude en Limousin. Nous passons ensemble un agréable moment. Cela s'appelle être en totale immersion chez ses hôtes, invité comme un ami et non comme un client. Demain, Gilles, un ami de Bessines-sur-Gartempe que je connais grâce au football, va m'accompagner pour une dernière grande étape de vingt-sept kilomètres qui va nous emmener à Rancon.

Marche droit et laisse aboyer.
*Proverbe anglais*

## *Samedi 28 juillet 2018, de Razès à Rancon.*

Accompagné de Gilles, je passe sous l'autoroute A20 dont on devine au bruit le trafic intense en ce samedi de chassé-croisé. C'est ma sixième et dernière « traversée » d'autoroute. Je m'étais positionné ces rencontres autoroutières comme des jalons particuliers de mon parcours, des morceaux de chemins inégaux, cerclés de bleu, qui zèbrent la carte de France. Sur les cartes IGN, jusqu'au 1/50000$^{ème}$, les cours d'eau et les autoroutes sont dessinés en bleu.

Gilles m'a apporté de quoi respecter mon engagement. Le pari que j'ai fait à Banne le 6 juillet d'accrocher le drapeau tricolore à mon sac à dos si les Bleus remportaient le Mondial. Me voilà donc paré d'un beau drapeau bleu-blanc-rouge que j'emmènerai jusqu'à ma destination finale. Gilles en a fait autant. Ce qui nous a valu un sympathique *"Bonjour les Français !"* de la part d'un gamin dans un des hameaux traversés. Et quelques regards intrigués de personnes plus âgées.

À Razès, nous sommes interpellés par un homme qui monte dans sa voiture, sortant de la pharmacie, où il tentait, nous dit-il, de trouver un médicament pour se « reconnecter ». En réponse, il n'a obtenu comme unique conseil que d'appeler son opérateur téléphonique. Visiblement, notre homme semble un peu paumé.

« - Vous faites le Chemin de Saint-Jacques ? nous lance-t-il.

- Ah non, on fait Menton-Montmorillon.

- Marre de la voiture. Je peux marcher avec vous ? »

Il plante là son auto, dans laquelle il n'avait, de toute façon, plus de carburant, en prenant soin cependant de la garer un peu mieux. Et nous voilà partis à trois, jusqu'à Saint-Pardoux. Jérôme passait par là, après une nuit sans dormir. Il s'était arrêté à Razès, on ne sait pas trop pourquoi, revenant de Dordogne et rentrant chez lui dans l'Indre. Un coup de fatigue sur l'autoroute, sans doute.

Finalement nous irons jusqu'à Rancon avec lui. A midi, nous lui avons offert le sandwich dont il nous fut reconnaissant. Et même s'il ne faisait en rien l'aumône, la perspective d'un vrai repas au restaurant le soir avait de quoi le motiver pour rester avec nous. Pour terminer la journée, la prise en charge par Gilles et son épouse, venue nous rejoindre à Rancon, pour assurer son retour jusqu'à sa voiture, lui convenait bien également.

Sa présence, autant improbable qu'inattendue, fût agréable. Il nous raconta son passé d'ancien athlète licencié à Châteauroux, les innombrables courses faites en France et en Europe et son modeste métier de cantonnier dans sa petite commune du Berry.

Il n'a que ses chaussures de sécurité de travail pour marcher avec nous. Comment oserais-je me plaindre du manque de souplesse du cuir des miennes ? Nous croisons sur notre route ce jour-là, par hasard, des amis de Gilles qu'il ne s'attendait pas à voir au château de Vauguenige. L'un d'eux nous rattrape en courant, juste pour faire une photo souvenir. Ce n'est pas tous les jours qu'on croise un fou marchant. C'est là toute l'histoire de mon chemin. Avec ces événements programmés pour les uns, imprévus pour d'autres, des rencontres attendues et ces autres fortuites dont il ne faut retenir que ce qu'elles vous apportent de bon.

Sur ce chemin, nous dégustons des mûres. A la ferme de Quinsac, Jean-Claude Ribano, un chanteur renommé localement, donne un concert, nous nous arrêtons quelques minutes pour écouter ses interprétations des chansons de Brel. Plus loin, depuis le pont qui enjambe la Couze, nous observons amusés trois jeunes ragondins broutant sur la berge. Un rien nous distrait. Une petite pause à Balledent, puis des pêcheurs d'écrevisses, quelques kilomètres plus loin, nous donnent encore l'occasion de musarder. Et nos conversations sur tous ces sujets et bien d'autres, ont la saveur de la simplicité, de l'amitié, de la sincérité, sans masque, ni artifice. On ne triche pas sur le chemin. On est soi, on savoure chaque instant, tel qu'il vient. Et on s'émerveille de découvrir d'un autre œil, ce qu'on avait ignoré jusqu'à présent.

« *Rien ne me paraît plus nécessaire aujourd'hui que de découvrir ou redécouvrir nos paysages et nos villages en prenant le temps de le faire. Savoir retrouver les saisons, les aubes et les crépuscules, l'amitié des animaux et même des insectes, le regard d'un inconnu qui vous reconnaît sur le seuil de son rêve. La marche seule permet cela. Cheminer, musarder, s'arrêter où l'on veut, écouter, attendre, observer. Alors, chaque jour est différent du précédent, comme l'est chaque visage, chaque chemin.* » [1]

> Nous méritons toutes nos rencontres.
> Elles sont accordées à notre destinée.
> *François Mauriac*

---

[1] Jacques Lacarrière, écrivain originaire de Limoges (1925-2005) connu pour ses récits de voyages, au sujet de son livre *Chemin faisant* – Fayard - 1974.

## *Dimanche 29 juillet 2018, de Rancon à Le Dorat.*

Plus que trois étapes. Je m'approche du final. Pour la première fois, je vais emprunter un chemin que j'ai déjà parcouru à pied entre Le Dorat et Saint-Ouen-sur-Gartempe. Pour faire cette étape, je suis accompagné aujourd'hui de Claude. Il habite Saint-Bonnet-de-Bellac et il m'a gentiment invité chez lui ce soir pour y dîner et passer la nuit.

Au rythme où nous allons pour faire cette étape, nous ne serons pas en retard pour l'apéro ! A l'heure de faire la pause casse-croûte, à 12h30, il ne nous reste qu'une heure de marche. Nous allons en profiter pour visiter la Collégiale Saint Pierre, un des plus beaux et imposants monuments de l'art roman en Limousin. A bien parler en chemin, on trace aussi très bien la route, sans s'en rendre compte. L'étape n'est pas très longue avec ses 19 kilomètres. Elle ne présente aucun dénivelé.

Nous nous connaissons depuis longtemps, Claude et moi, mais ces quelques heures de discussion en marchant sont l'occasion d'échanges plus intimes. On ne se connait jamais aussi bien que quand on a fait quelques kilomètres ensemble, côte à côte. C'est, je pense, ce qu'ont ressenti Marc, Gérard, Christian et Gilles qui m'ont accompagné auparavant. L'effort partagé dans la marche favorise la connectivité et la réceptivité entre les personnes. Cette activité, surtout lorsqu'elle est pratiquée en pleine nature, développe l'attention portée à l'autre. Et la pleine nature entre Rancon et Le Dorat, n'est perturbée, un court instant, que par la traversée de la RN 145 et son flot de véhicules de vacanciers en transit. Pour le reste, entre les moulins sur la Gartempe, la fraîcheur de la Semme, les élevages de vaches limousines et de chevaux, c'est un vrai bain de verdure que nous prenons.

Depuis mon départ le 12 juin, Claude s'est pris de passion pour mon entreprise. Il ne s'est pas passé une seule journée sans qu'il ne m'adresse un message d'encouragement ou de félicitations, souvent de façon un peu trop élogieuse. Qu'il vienne faire deux des dernières étapes avec moi ne m'a pas surpris. Qu'il me déroute de mon chemin pour m'héberger, non plus.

Avec son épouse, Josie, qui viendra nous chercher au Dorat, il va m'accueillir royalement dans sa demeure. Je vais y faire la connaissance de leurs amis, Jean-Claude et Mireille, monsieur le maire de Saint-Bonnet-de-Bellac et son épouse, puisque l'invitation à l'apéritif lancée l'après-midi va finalement se poursuivre en partageant les plats préparés par Josie, sous la tonnelle dans le jardin.

Jusqu'à la dernière étape, il m'aura été offert cette chance de faire des rencontres inattendues et sympathiques, moments d'échanges privilégiés et passionnants qui permettent de s'enrichir encore un peu plus.

Si tu veux aller vite, marche seul
mais si tu veux aller loin, marchons ensemble.
*Proverbe africain*

## *Lundi 30 juillet 2018, de Le Dorat à Lathus.*

Non. Ce n'est pas tout à fait terminé. Bien sûr, quand on retrouve les lieux familiers, qu'on foule le sol sur lequel on est passé et repassé, il faut se rendre à l'évidence : on touche au but. Symboliquement, je boucle aujourd'hui ma septième semaine de marche en arrivant dans la Vienne. Oh, de si peu, 100 mètres pas plus ! Je vais au moulin de la Perrotière où mon épouse Béatrice a préparé ma dernière chambre d'hôte, presque chez moi, avant chez moi.

Josie va nous laisser au Dorat, là où elle nous avait pris hier. L'avant-dernière étape devrait faire seize kilomètres. Une bonne surprise m'attend au bout du premier chemin. Le détour que j'avais prévu dans mon itinéraire pour traverser la Brame n'est pas nécessaire. Un nouveau sentier balisé vient d'être créé entre le Dorat et Oradour-Saint-Genest.

Au premier hameau sur notre chemin, à La Dapeire, nous engageons la conversation avec deux dames âgées devant leur pas de porte. Elles nous invitent à prendre un rafraîchissement que nous refusons poliment, et nous offrent de belles prunes cueillies sur l'arbre de leur jardin que nous acceptons volontiers.

« - Mais j'ai une cousine qui habite à Menton, vous savez ! »

Quand j'étais à l'autre bout de la France, la référence était Montmorillon, l'arrivée. Quand j'approche du final, la référence est Menton, le départ.

La petite commune d'Oradour-Saint-Genest a retrouvé son calme après un week-end festif. Le plan d'eau qui fait face à la mairie ne garde aucune trace de la fête en dehors de quelques sacs poubelle soigneusement alignés dans l'attente d'être évacués. Sortant de la mairie, un conseiller municipal reconnaît Claude. La conversation nous amène à débattre de la rareté des sentiers de randonnée sur la commune et de la nécessité pour nous d'emprunter la route. Nous apprenons qu'un projet est en cours. Il s'agit d'un sentier qui fera la jonction entre Le Dorat et Montmorillon en suivant les vallées de la Brame et de la Gartempe. C'est une bonne idée que de vouloir relier ces deux villes par des sentiers. Le retour, ou l'aller selon ses goûts, peut être fait en train. Cette idée d'associer le rail à l'aller et la marche au retour me rappelle quelque chose de tout à fait personnel ! J'adhère au projet.

Et nous nous retrouvons ainsi dans le bureau de la secrétaire de mairie en présence du maire, en pleine réunion d'état-major, penchés sur des cartes où quelques pointillés de couleur recouvrent ou complètent de beaux chemins noirs.

« - Le sentier est presque fini de nettoyer. Sauf à cet endroit, près de l'étang. Ça ne vous fait pas peur ? »

Je ne vais tout de même pas me dégonfler à vingt kilomètres de chez moi pour une centaine de mètres de friches, après avoir parcouru onze cents bornes à pied ! Au contraire, ce petit changement de programme n'est pas pour me déplaire. Il va ajouter un peu de piment (et de piquant !). Et, à vrai dire, les quelques kilomètres supplémentaires de sentier vont me permettre de retarder un peu l'échéance. En déviant vers le sud, même temporairement, je m'éloigne un peu de ma destination. Acte de résistance, bien évidemment.

Après notre pause casse-croûte, à Thiat, je décide de passer par les sentiers les plus ombragés pour rejoindre la Gartempe. Nous traversons le hameau de Montagne. Ah Montagne ! Je cherche les sommets que seule une imagination très fertile peut faire sortir de terre. Je suis loin de ma première journée quand il m'a fallu attaquer 1500 mètres d'ascension pour la première fois de ma vie. Qu'importe, le clin d'œil est fait. Et à défaut de crêtes escarpées, nous descendons doucement vers la rivière.

15h15. Dernier virage à gauche en sortant du chemin sur la petite route et un comité d'accueil vient à notre rencontre. Je retrouve Béatrice après cinquante jours d'absence. Cinquante jours, c'est bien long ! Mais j'ai l'étrange impression que c'était hier.

Tout avait été bien préparé dans le secret. Je n'étais au courant de rien. Mes proches, ma famille, des amis, sont plus de trente-cinq pour fêter mon retour. Les tables sont dressées sous le tilleul devant la maison familiale. Seule l'obscurité viendra nous séparer au terme d'une soirée tellement sympathique. Même l'avant-dernière étape a révélé des surprises !

Comment ne pourrais-je pas aller au bout du bout du récit de l'ultime journée ?

> On n'a pas besoin de gravir une montagne
> pour savoir si elle est élevée.
> *Paulo Coelho*

## *Mardi 31 juillet, de Lathus à Montmorillon.*

Jour béni et jour maudit. Ce jour-là va poinçonner mon chemin d'une ponctuation finale et refermer le livre de mes petites histoires quotidiennes. Je l'attends avec impatience comme le révélateur du succès de mon entreprise, le jour de ma victoire, d'une grande victoire sur moi-même, et je l'appréhende, jusqu'à la nausée, comme le traître jour qui va m'empêcher d'avoir un lendemain chantant sur les sentiers.

Hier, la soirée avait été belle. Au matin, Bertrand, Jacques et Guy nous ont rejoint pour faire la der avec Béatrice et moi. Nous partons à cinq. Ces derniers kilomètres, je les connais par cœur. Aujourd'hui le paysage m'importe peu. Je suis ailleurs. Le voyage est intérieur, peuplé de sentiments changeant à chaque pas et que nos conversations ne peuvent pas perturber. Un petit bonjour à Anne-Marie, au moulin du Cluzeau sur la Gartempe. Une photo de ce dernier groupe de marcheurs. Chaque image conservée sera tellement importante demain et après-demain.

Nous descendons la Gartempe, dernier sillon naturel vers ma destination. Jamais encore je ne l'ai vu de cette façon. Qu'elle est belle cette rivière avec ses peupliers qui perdent déjà quelques feuilles. Il ne faudra en aucune manière que je change cette façon de contempler les arbres, les fleurs, les rivières, les moulins, les fontaines, les églises et les châteaux. Il y a, sans aucun doute, ici la base d'un équilibre intérieur si précieux.

Des ruines du moulin Moreau, des vestiges des tours de Lenest, s'échappe l'empreinte du travail des hommes au fil des siècles. Partout en France, le paysage a été façonné par les êtres humains. Par ses activités agricoles, artisanales, par son habitat, par son rang social, l'homme a adapté la nature à ses besoins. Il n'en reste parfois plus que quelques traces, des ruines. Ce patrimoine naturel, culturel, paysager se dévoile bien mieux à allure de chemineau. L'esprit alerté par la marche pose un regard différent, plus mature, plus profond. Ici, ces lieux me sont familiers. Cent fois visités. Mais aujourd'hui il me semble que je les découvre à nouveau parce que j'ai passé cinquante jours à peaufiner un filtre, comme on taille un diamant, pour embellir le monde qui m'entoure. Pour éclairer ma vie d'une lueur nouvelle.

La Gartempe coule toujours au fond de sa vallée, immuable repère qui, par son éternité, nous ramène à la brièveté de notre passage. Au bout de cette rivière, dans quelques kilomètres, se situe la pointe de ma diagonale, celle sur laquelle j'ai fait zigzaguer mes pieds en foulant sentiers, chemins et routes de France.

Au bout de mon évasion je me retrouve enfin. Mais pourquoi faut-il que ça s'arrête déjà ?

Tous les chemins mènent à soi.<br>
*Jacques Lanzmann*

## *Mercredi 1ᵉʳ août, pour finir...*

Hier soir en entrant chez moi, je ne reconnaissais pas les lieux. Il m'a fallu un moment pour retrouver mes repères. Ma tête était restée sur les sentiers. J'avais perdu le sens du monde réel.

Ce matin, il me semble que mes jambes me commandent de marcher encore. Assis sur les pavés au bord de la Gartempe, je regarde l'eau couler. Je la jalouse, elle, qui n'arrête pas son chemin. Si j'étais une goutte d'eau, je serais emporté parmi les autres. Jamais je ne m'arrêterais. Et je coulerais, coulerais, coulerais, jusqu'à l'horizon en regardant le paysage défiler autour de moi.

J'aurais beaucoup appris en cinquante jours. Et notamment qu'on ne vit bien sa vie qu'en la partageant. En donnant, on reçoit. J'aurais pris énormément de plaisir à raconter mon voyage et les mille petits commentaires, encouragements ou signes reçus en retour ont grandement participé à me donner encore et encore de l'énergie mentale. J'ai marché seul le plus souvent, mais j'ai voyagé avec tous ceux qui me lisaient chaque soir.

Je comprends maintenant, en toute modestie, ce qui anime ces écrivains aventuriers qui ont besoin de vivre sur le chemin pour le raconter. Et besoin de le raconter pour apprendre à mieux le vivre. En marchant, les pieds alimentent l'âme en énergie. L'esprit se nourrit des mots de chaque pas. Il les arrange à sa guise, comme la saveur d'un mets délicat peut varier selon le talent d'un chef.

Raconter les plaisirs élémentaires de l'existence serait moins aisé si la marche ne venait les mettre à fleur de peau pour les rendre enfin perceptibles au toucher, audibles dans le silence.

Aurais-je réussi par ces écrits à raconter toutes les facettes, tous les paradoxes, toutes les contradictions, qui ont fait de cette expérience de vie unique, une parenthèse philosophique, source de plaisir pour l'âme et le corps, mais exigeante de patience, de persévérance et d'efforts répétés ?

Ne vous y trompez pas si, souvent, par des mots, j'ai exprimé quelques douleurs, plus que souffrance, ce n'était rien comparé à l'extase des sommets, au ravissement des grands espaces ouverts, à la jouissance des kilomètres dévorés avec gourmandise par mes deux formidables pieds pendant onze cents kilomètres.

Onze cents kilomètres de sentiers, de montagnes en collines, de ruisseaux et rivières, d'arbres, de fruits murs, de chants d'oiseaux, de bourdonnements d'abeilles, de vent dans le feuillage et de silence aussi. Ce silence divin de la liberté la plus chérie !

Onze cents kilomètres dans la nature, solitaire mais jamais seul, le jour animal parmi les autres, curieux de tout, apprenant encore la tolérance, l'humilité et le partage des fleurs avec les insectes.

Onze cents kilomètres de rencontres éphémères d'hommes et de femmes dont je ne saurai sans doute jamais rien de plus que ces quelques belles minutes de sincérité échangée.

Onze cents kilomètres de bonheur, de Menton à Montmorillon, à m'évader en grimpant tout doucement le long de ma diagonale tracée à travers une France belle à pleurer. Et je l'appelle « Ma France » parce qu'on prend définitivement possession des chemins lorsqu'on a la chance de les faire à pied, à lenteur d'homme.

J'ai réussi. Me voilà arrivé chez moi. Au terme de cet exploit qui n'en est pas un. L'aventure s'achève et le rêve se prolonge.

« *On écrit souvent son premier livre comme un testament.* » dit Eric Neuhoff dans *Précautions d'usage*.

En noircissant ces pages, ma plume au rythme de mes pas, a refait le voyage, gravi les mêmes montagnes, dévalé à nouveau les collines, traversé encore les rivières. Elle n'a pas pu décrire assez bien, faute de trouver les mots justes, les verbes forts, tout le bonheur que j'ai connu pendant cinquante jours. Elle ne pourra jamais retranscrire fidèlement mes émotions et mes sentiments. Elle ne saura pas dire comment cette histoire est désormais gravée profondément dans le marbre de mon être. Comment j'ai été transformé et pourquoi il ne me sera pas possible de l'oublier.

Si le livre est testament, si l'écrire est léguer, alors je vous en fais donation bien volontiers. Disposez-en à votre guise. Faites-en ce que vous voulez. Et si, par hasard, il vous donnait l'envie de prendre le chemin, n'hésitez pas une seule seconde. Allez-y. Foncez ! Parcourez la France, parcourez le monde ! Et vivez-le intensément, passionnément, follement.

Maintenant, je peux penser à mon prochain départ.

## *Remerciements*

Merci à Mickaël, à Annie, Marc et Gérard, à Christian, à Gilles et Jérôme, à Claude, Bertrand, Jacques et Guy, et à Béatrice, d'avoir, le temps d'une étape ou deux, synchronisé leurs pas et leurs yeux avec les miens.

Merci à tous celles et tous ceux qui m'ont accueilli chez eux. Je n'ai vécu avec mes hôtes que des moments de joie intense. Nombreux sont ceux qui ont su me donner en une courte soirée, le regret de les quitter le lendemain. Je garderai pour ceux-là, la nostalgie des bonheurs arrêtés trop vite, des yeux humides de l'au revoir, et l'envie de les retrouver.

Merci à Jean-Marie, médecin, coach et mentor, toujours à l'écoute, et, assurément d'un grand secours les jours où il le fallait et aussi les jours où tout allait bien... mais où ça va toujours mieux en le disant. C'est bien connu !

Merci à Nicolas, mon frère, qui a joué ce rôle ingrat d'aiguilleur du ciel en surveillant mon vol sur son écran, sans y participer, juste pour vérifier chaque jour que je ne m'étais pas crashé au fond d'un ravin. Les défaillances de la géolocalisation qui me rendaient parfois invisible ou trop longtemps immobile ont été pour lui bien souvent sources d'inutiles inquiétudes.

Merci tout particulièrement à Béatrice qui non seulement n'a jamais fait obstacle à mon égoïste projet, mais qui l'a encouragé et m'a aidé à le réussir.

Merci à Dominique Vernin, pour ses précieux conseils et ses relectures attentives de ce livre, et à Marie-Hélène Faity, pour tout le temps qu'elle a consacré à traquer les fautes.

*Les proverbes, maximes, dictons et autres citations insérés chaque fin de journée, glanés sur internet ou ailleurs, sont un clin d'œil adressé à Laurent Thomassin, dont les messages quotidiens ont agrémenté mon chemin avec une régularité parfaite.*

## *Bibliographie*

Patrice Franceschi, « *L'aventure, Le choix d'une vie* », Paris, Points, 2017.

Frédéric Gros, « *Marcher, une philosophie* », Paris, Champs essais, 2011.

Erling Kagge, « *Pas à pas* », Paris, Flammarion, 2018.

Axel Kahn, « *Pensées en chemin, Ma France, des Ardennes au Pays Basque* », Paris, Stock, 2014.

Axel Kahn, « *Entre deux mers, voyage au bout de soi* », Paris, Stock, 2015.

Jacques Lacarrière, « *Chemin faisant* », Paris, Poche, 1977.

Jacques Lanzmann, « *Fou de la marche* », Paris, Laffont, 1985.

Jacques Lanzmann, « *Marches et rêves* », Paris, Lattès, 1988.

David Le Breton, « *Éloge de la marche* », Paris, Métailié, 2000.

David Le Breton, « *Marcher Éloge des chemins et de la lenteur* », Paris, Métailié, 2012.

Jean-Christophe Ruffin, « *Immortelle randonnée* », Paris, Folio, 2013.

Sylvain Tesson, « *Sur les chemins noirs* », Paris, Gallimard, 2016.

Nicolas Truong « Philosophie de la marche », La Tour d'Aigues, Le Monde / Editions de l'Aube, 2018.

Michel Verdier, « *Stevenson en Cévennes* », Nîmes, Alcide, 2017.

## *Table des matières*

Lundi 31 décembre 2018, avant-propos. ................... 7

Mardi 27 juin 2017, là où tout a commencé. ........................... 9

Dimanche 4 mars 2018, clic et déclic ! ...................18

Vendredi 30 mars 2018, préparation. ...................26

Lundi 11 juin, Paris en guise de prologue. ...................32

Mardi 12 juin, de Menton à Sospel. ...................35

Mercredi 13 juin, de Sospel à Coaraze. ...................39

Jeudi 14 juin, de Coaraze à Utelle. ...................42

Vendredi 15 juin, d'Utelle à La Tour sur Tinée. ...................50

Samedi 16 juin, de La Tour sur Tinée à Villars-sur-Var. ........54

Dimanche 17 juin, de Villars-sur-Var à Rigaud. ...................57

Lundi 18 juin, de Rigaud à Puget-Théniers. ...................59

Mardi 19 juin, de Puget-Théniers à Annot. ...................63

Mercredi 20 juin, d'Annot à La Colle-Saint-Michel. ...................68

Jeudi 21 juin, de La Colle-St-Michel à Thorame-Basse. ........71

Vendredi 22 juin, de Thorame-Basse à Tartonne. ...................73

Samedi 23 Juin, de Tartonne à Digne-les Bains. ...................76

Dimanche 24 juin, de Digne-les-Bains à Thoard. ...................80

Lundi 25 juin, de Thoard à Sisteron. ...................82

Mardi 26 juin, de Sisteron à Noyers-sur-Jabron. ...................85

Mercredi 27 juin, de Noyers-sur-Jabron à Montfroc. ...................89

Jeudi 28 juin, de Montfroc à Rilhanette. ...................94

Vendredi 29 juin, de Rilhanette à St-Léger-du-Ventoux. ........96

Samedi 30 juin, de St-Léger-du-Ventoux à Malaucène. ........100

Dimanche 1er juillet, de Malaucène à Séguret. ...................102

Lundi 2 juillet, de Séguret à Sainte-Cécile-les-Vignes.........105

Mardi 3 juillet, de Ste-Cécile-les-Vignes à Pont-St-Esprit...107

Mercredi 4 juillet, de Pont-Saint-Esprit à Orgnac l'Aven. ...109

Jeudi 5 juillet, de Orgnac l'Aven à Vallon-Pont-d'Arc........114

Vendredi 6 juillet, de Vallon-Pont-d'Arc à Banne. ...............116

Samedi 7 juillet, de Banne aux Vans....................................120

Dimanche 8 juillet, des Vans à Vielvic. ..............................123

Lundi 9 juillet, de Vielvic au Bleymard. ..............................125

Mardi 10 juillet, du Bleymard à Mende. ...............................128

Mercredi 11 juillet, de Mende à Rieutort-de-Randon...........131

Jeudi 12 juillet, de Rieutort-de-Randon à Aumont-Aubrac..136

Vendredi 13 juillet, de Aumont-Aubrac à Fournels. .............141

Samedi 14 juillet, de Fournels à Grandval. .........................143

Dimanche 15 juillet, de Grandval à Paulhac. .......................145

Lundi 16 juillet, de Paulhac à Murat. ...................................148

Mardi 17 juillet, de Murat à Ségur-les-Villas.......................150

Mercredi 18 juillet, de Ségur-les-Villas à Condat. .................155

Jeudi 19 juillet, de Condat à Bort-les-Orgues......................157

Vendredi 20 juillet, de Bort-les-Orgues à Saint-Fréjoux......163

Samedi 21 juillet, de Saint-Fréjoux à Meymac. ....................165

Dimanche 22 juillet, de Meymac à Bugeat. .........................167

Lundi 23 juillet, de Bugeat à Lacelle....................................169

Mardi 24 juillet, de Lacelle à Bussy-Varache. ......................171

Mercredi 25 juillet, de Bussy-Varache à Masléon. ...............174

Jeudi 26 juillet, de Masléon à Saint-Just-le-Martel. .............178

Vendredi 27 juillet 2018, de Saint-Just-le-Martel à Razès. ..182

Samedi 28 juillet 2018, de Razès à Rancon.............................184

Dimanche 29 juillet 2018, de Rancon à Le Dorat. ................187

Lundi 30 juillet 2018, de Le Dorat à Lathus..........................189

Mardi 31 juillet, de Lathus à Montmorillon. ........................192

Mercredi 1$^{er}$ août, pour finir… ..............................................194

Remerciements ..................................................................198

Bibliographie.....................................................................200